스스로를 의식하고
자랑스러워하는
녹색 계급의 출현

저자 **브뤼노 라투르**는 약 15년 전부터 그가 신기후체제(Nouveau Régime Climatique, New Climate Regime)라 부르는 것과 깊이 연관된 정치철학 문제들을 검토하고 있다. **니콜라이 슐츠**는 코펜하겐 대학에서 그가 지구사회 계급이라 명명하는 것에 관한 박사학위논문을 마무리 하는 중이다. 두 사람 모두 생태 운동의 어느 쪽에도 공식적인 직함을 갖고 있지 않지만, 생태학의 정치적 표현을 지금까지보다 더 폭넓게 확산시킬 필요성을 자각하고 있다. 그런 만큼 두 저자가 운동가와 많은 정치 지도자의 다양한 행동을 확대하기 위해 함께 숙고해야 할 주요 사항의 잠정적인 목록을 작성하는 것은 자연스러운 일이다. 메모의 문체로 집필된 책이므로 미묘한 의미 차이도 없다. 따라서 주를 달지도 않았다.* **

역자 이규현은 서울대학교 불어불문학과를 졸업하고 같은 대학원에서 박사학위를 취득했다. 프랑스 부르고뉴 대학교에서 철학 D.E.A 학위를 취득한 뒤 서울대학교와 가톨릭대학교에서 강의했다. 『미셸 푸코, 말과 사물』을 썼고, 옮긴 책으로 『성의 역사 I』, 『광기의 역사』, 『말과 사물』, 『천사들의 전설』 등이 있다.

---

* 본문의 주석은 역자주이며, 부록의 주석은 각 글의 작성자주이다.

** 저자들은 메모의 의미를 다음과 같이 제시했다. 저자들의 의도를 효과적으로 전달하기 위해 메모의 형식을 선택한 것으로 보인다.
I. 어떤 것에 대한 기억을 돕기 위해 남기는 짤막한 글.
(환유) 기억하고 싶은 것을 기록하는 공책, 수첩.
2. 신임장을 받고 파견된 국가의 정부에서 자기 정부의 입장을 진술하는 외교관이 중요한 주제에 관해 작성한 외교문서(=각서).

녹색 계급의 출현을 도운

김지윤은 기후변화청년단체GEYK(긱)의 대표이자 서울시 청년정책네트워크 기후환경분과에서 활동하고 있다. 개인의 인식 제고를 위한 여러 프로그램을 기획하면서 서울시 나눔카 전기차 보조금정책(2020.05)과 서울시 시금고 조례 개정 제안(2021.05)이 통과되어 서울시 기후변화 정책에 일조하였다. 나 하나쯤이 세상을 바꾼다는 신념을 가지고 2014년부터 기후변화 대응 활동을 지속해오고 있으며 세대 간 형평성을 최우선 가치로 삼고 있다.

김홍중은 사회이론과 문화사회학을 전공한 사회학자이다. 현재 서울대 사회학과에서 가르친다. 최근 관심은 물성(物性), 인성(人性), 생명, 영성(靈性)의 얽힘과 배치이다. 지은 책으로『은둔기계』, 『마음의 사회학』, 『사회학적 파상력』이 있다.

김환석은 국민대학교 사회학과 명예교수이다. 런던대학교 임페리얼칼리지에서 과학 기술 사회학으로 사회학 박사 학위를 받고, 국가생명윤리심의위원회 위원, 유네스코 세계과학기술윤리위원회 위원, 한국이론사회학회 회장 등을 역임했다. 과학 기술 사회학과 현대 사회 이론에 관심을 두고 있다. 지은 책으로『과학 사회학의 쟁점들』, 『생명 정치의 사회 과학』(편저) 등이 있다.

이현정은 녹색정치Lab 그레(greenleft.kr) 소장이자 기후정의동맹 집행위원으로 활동하고 있다. 진보신당 정책위원부터 정의당 생태에너지 본부장, 비례대표 국회의원 후보까지 진보 정당 내에서 다양한 역할을 맡으며 녹색정치인의 정체성을 갖게 되었다. 경관생태학 연구자이자, 기후정의 활동가, 진보 정치인의 정체성을 오가며 녹색 계급을 형성하고 기후위기를 극복하는 데 일조하고 싶어 한다. 지은 책으로『다시, 원은 닫혀야 한다─기후위기와 불평등의 시대 너머』, 『기후정의선언 2021─기후 정의 체제 전환』(공저)이 있다.

일러두기

본문의 굵은 활자는 원문의 이탤릭 표기이다.

스스로를 의식하고 자랑스러워하는

녹색 계급의 출현

브뤼노 라투르,
니콜라이 슐츠 지음

이규현 옮김

🅤🅜 이음

차례

계급투쟁과 분류투쟁

계급투쟁과 분류투쟁

[I]

생태주의가 그저 운동에 그치지 않고 정치를 조직하는 구심점이 될 수 있는 조건은 무엇일까?[1] 자유주의, 다음으로 사회주의, 신자유주의, 끝으로 최근에 영향력이 계속해서 커지고 있는 반자유주의 또는 네오파시즘 정당들이 그랬듯이 생태주의 또한 정치의 지평을 결정하는 방향으로 과연 나아갈 수 있을까? 새로운 정치 운동이 어떻게 떠오르는지, 그리고 정당과 선거에서 영향력을 얻기에 앞서서 사상투쟁에서 승리하는지 사회사로부터 배울 수 있을까?

[1] 집(oikos)과 말 또는 과학(logos)이 결합된 형태로서 '서식지에 관한 연구'를 뜻하는 écologie는 첫 번째 의미에서 생물(인간, 동물, 식물)과 생물이 살아가는 환경(생태계) 사이의 관계와 상호작용을 연구하는 생물학의 한 분야이다. 그러다가 점차 인간과 환경 사이의 더 나은 균형과 환경보호를 지향하는 독트린 또는 운동을 의미하기에 이른다. 여기에는 다양한 흐름이 있는데, 그것들의 공통된 목적은 인간 활동/환경 관계의 근본적인 변화에 토대를 둔 새로운 발전 모델을 정립하는 것이다. 이러한 사유의 동향을 생태주의(écologisme) 또는 정치생태학(écologie politique)이라고도 한다. 과학적이고 정치적인 이중의 의미를 띠는 이 용어의 우리말 번역은 거의 불가능하다. 이중의 현실을 하나의 단어로 나타낼 수 있는 우리말이 없기 때문이다. 그래서 문맥에 따라 '생태학'과 '생태주의'를 번갈아 사용했다. 서양에서도 écologie와 écologisme는 동의어로서 혼용되고 있다. 이 책의 저자들은 écologie라는 용어를 주로 후자의 의미로 쓰고 있다.

녹색 계급의 출현

"국제질서"가 무너지고 있다. 엄청난 파국이 진행 중이다. 그리고 무엇보다 전통 정당들의 공약에 대한 전반적인 불만족 때문에 기권표가 증가하고 있다. 이러한 상황을 고려하면 생태주의에 더 큰 견실성과 자율성을 부여하는 것이 시급하다. 그런데 생태 운동과 심지어 생태 운동을 표방하는 정당이 많이 존재하는데도, 기존의 운동과 정당들은 정치 지형 위에서 우군과 적군 전체의 좌표를 설정하지도 주변의 투쟁 전선을 나름의 방식에 따라 **고유한 용어**로 규정하지도 못하고 있는 것이 사실이다. 그것들은 생겨난 지 몇 십 년이 흘렀는데도 여전히 낡은 대립구도를 벗어나지 못하고 있다. 그래서 동맹의 추구가 제한되고 행동반경이 줄어든다. 정치생태학이 존재하고자 한다면 다른 것들에 의해 규정되어서는 안 된다. 정치생태학은 자기주도적으로 새로운 불공정의 원천을 탐지하고 새로운 투쟁 전선의 위치를 파악해야 한다.

[3]

정치생태학(정치적 생태주의)은 사회 세계 외부의 근심을 토대로 하고 있었기에 **교착**적으로 인식된 그 행동노선 역시 오랫동안 지나치게 교육학적인 수준에 머물렀다. 파국적인 상황을 알리기만 하면 행동은 필연적으로 뒤따르리라는 것이었다. 그렇지만 "자연을 보호하자"는 호소는 사회 갈등을 줄이거나 끝내기는커녕 반대로 사회 갈등을 늘렸다는 것이 분명해졌다. 프랑스의 노란 조끼, 인도의 농민 시위, 북아메리카에서 수압파쇄에 저항하는 토착민 공동체, 또는 전기자동차의 효과에 관한 논쟁을 거쳐 젊은 이들의 시위까지 메시지는 분명하다. 갈등이 급증하고 있다는 것이다. 자연에 관해 말한다는 것은 평화협정에 서명하는 것이 아니다. 그것은 모든 대륙과 온갖 층위에서 일상생활의 모든 영역에 많은 갈등이 실재한다는 사실을 인정하는 것이다. 자연은 통합을 고취하기는커녕 분열을 조장한다.

녹색 계급의 출현

[4]

신기하게도 많은 사람들이 생태주의에 관심을 보인다. 다른 것은 몰라도 기후와 에너지 그리고 생물다양성에 대한 관심을 도처에서 이야기하고 있다. 하지만 지난 세기에 자유주의와 사회주의가 이끈 변화가 그랬던 것과 달리, 이런 이슈들을 둘러싼 갈등들은 아무튼 지금까지는 대중의 결집, 대중봉기라는 형태를 띠지 않았다. 이 점에서 생태주의는 어디에나 있으면서 어디에도 없다. 지금으로서는 갈등의 엄청난 다양성이 이 투쟁들을 일관성 있게 규정하는 것을 막고 있는 것처럼 보인다. 하지만 이 다양성은 결함이 아니라 성공의 수단이다. 왜냐하면 생태학은 생산에 대한 집착으로 인해 파괴된 삶의 조건들을 전반적으로 탐구하기 때문이다. 생태 운동이 더 견실해지고 더 자율적이게 되려면, 그리하여 과거에 못지않은 역사적 도약으로 나타나려면 이 모두가 생태 운동을 모든 갈등을 이해할 수 있는 통일된 행동으로 모아냄으로써 자신의 기획을 인정하고 파악하고 이해하고 효과적으로 재현해야 한다. 이를 위해서는 우선 생태주의가 분열을 내포한다는 사실을 받아들여야 한다. 다음으로 생태주의가 낳은 새로

운 유형의 갈등들의 지도(地圖)를 설득력 있게 그려내야
한다. 끝으로 단체행동을 위한 공동의 지평을 규정해야
한다.

[5]

생태학이 어디에나 있으면서 동시에 어디에도 없다는 것
이 사실이라면, 한편으로는 모든 주제에서 갈등이 일어나
기 시작하고 다른 한편으로는 일종의 무관심, 화해주의,
기대, 가짜 평화가 퍼지는 것도 사실이다. 기후변화에 관
한 정부간 협의체(IPCC)가 발간하는 간행물은 열렬한 반
응을 불러일으킨다. 하지만, 군가를 부르는 오페라 합창
단처럼 사람들은 "전진하세, 전진하세! 너무 늦기 전에"
라고 외치며 고작 몇 걸음 이동할 뿐이다. "모든 것이 근
본적으로 변해야 하지만" 어떤 것도 변하지 않는다. 그러
므로 전반적인 전쟁 상태를 인정하는 것이 극히 중요하다
해도, 친구와 적 사이에 분명한 전선을 긋는 것이 어렵다
는 것을 인정할 필요가 있다. 무수한 지점에서 우리 자신
이 희생자인 동시에 공범이다. 이전 세기에는 대략적이나

마 계급 갈등을 그려볼 수 있었고 이를 통해 식별 가능한 이데올로기를 표방하는 정당들에 투표할 수 있었지만 오늘날에는 생태학이 어떤 전쟁을 벌이고 있는지 명확하지 않은 만큼 그렇게 하는 것이 쉽지 않다. 녹색 계급 자체가 명확하게 규정되지 않는다면 어떻게 계급 갈등에 관해 말할 수 있겠는가?

[6]

"계급"의 개념[2]을 재사용하는 것은 언제나 두려운 일이다. 그래서 지난 세기에 "계급투쟁"의 개념이 동원을 간략화하고 일원화하는데 매우 유용했다는 점을 인정하면서도 이 개념을 곧이곧대로 끌어대고 싶은 유혹에 휩쓸리지 않을 필요가 있다. 이 개념의 이점은 정치 역학을 사회

---

[2] 사회 계급의 구분은 기준을 어디에 두느냐에 따라, 그리고 시대와 연구자에 따라 다르다. 예컨대 산업 사회의 분석에 집중한 마르크스가 언제나 가장 중요한 두 계급으로 간주한 것은 프롤레타리아(무산계급)와 자본가 부르주아(생산 수단의 소유자)다. 산업 사회에서 이 두 계급은 계급투쟁의 양극이다. 하지만 고도로 산업화된 오늘날의 사회에서는 이 책의 저자들처럼 환경 보호를 기준으로 계급을 구분할 수도 있다.

의 갈등과 경험의 형성 그리고 집단의 지평이라는 관점에서 제시하도록 함으로써 사회적·물질적인 세계의 구조를 명확하게 해주는 것이었다. 역사의 흐름 속에서 계급투쟁 개념의 역할은 분명코 **기술적**이면서 **수행적**이었다. 이 개념이 사회 현실을 묘사하는데 사람들이 자신의 위치를 정할 수 있게 자처하더라도 계급투쟁의 개념은 결코 사회를 변화시키려는 시도와 분리될 수 없었다. 그러므로 "계급"에 관해 말하는 것은 언제나 전투대형을 갖추는 것이다. 이와 마찬가지로 "녹색 계급"에 관해 말하기는 불가피하게 행동을 새롭게 기술하는 것이면서 동시에 우리가 "녹색"이라 부르는, 형성 중인 이 계급(classe)을 위한 분류(classement) 작업은 필연적으로 수행적이다. 이 용어가 많은 혼동을 초래한다 해도 다시 사용하는 것은 이 때문에 유용하다.

[7]

"계급투쟁"의 개념을 다시 사용하는 것이 그토록 어려운 이유는 그것이 생태학적 문제로 말미암아 **분류투쟁**[3]으로 변했기 때문이다. 자신이 속한 계급이 무엇으로 구성되어 있는지에 대해 모두가 다르게 생각한다. (보통의 사회적이거나 문화적인 의미에서) 동일한 계급에 속하는 사람들이 생태학적 갈등에 직면하여 서로를 완전히 낯설게 바라볼 것이다. 반대로 다른 사회문화의 관점에서 전혀 다른 삶을 살아가는 활동가들을 "투쟁의 형제"로 인정하는 사람들도 있다. 여기에서 방향상실 효과가 생겨나는데 이는 오늘날 공적 생활이 난폭해진 이유를 상당 부분 설명한다. 생태학적 문제와 관련해서는 아군과 적군이 분명하게 구별되지 않는다. 그러므로 화가 난다. 따라서 녹색 계급을 출현시키려면 이와 같은 **분류를 둘러싼 투쟁**을 받아들이고 전통적인 계급갈등을 때로는 횡단하거나, 반대로 그것과 합류하는 구별의 기준을 찾아낼 필요가 있다. "계급투

3   프랑스 사회학자 피에르 부르디외에 의하면 사회 계급은 주어진 여건이나 실체가 아니라 끊임없이 만들어지는 불확실한 어떤 것이다. 무엇이 사회 계급을 만드는가? 이 물음에 대해 부르디외는 '분류투쟁'이라 답한다. 그에 의하면 "분류투쟁은 계급투쟁의 잊힌 차원이다." 사회생활이라는 크고 작은 경쟁의 무대에서 개인은 자신의 취향과 우월성에 걸맞은 특정한 라이프 스타일의 집단에 속하고자 하는 욕구를 갖는데, 이러한 무의식적 욕구는 원하는 등급의 집단에 속하려는 '분류투쟁'의 계기가 된다는 것이다. 분류투쟁은 더 나은 상징적 지위를 차지하기 위한 경쟁이다. 이를테면 자기 자신을 돋보이게 하고 싶은 욕구와 다르지 않다.

계급투쟁과 분류투쟁

쟁"의 전통이 드리운 그림자에도 불구하고 정치적 생태주의는 계급적 귀속에 관한 이와 같은 불확실성을 피할 수 없다. 정치생태학에서는 다음의 문제가 끊임없이 제기되기 마련이다. "환경문제에 대해 논쟁할 때, 당신은 누구와 가깝고 누구와 끔찍하게 멀다고 느끼는가?" 이러한 문제 제기의 단계를 거침으로써 비로소 잠재적인 "계급의식"이 출현할 수 있다.

녹색 계급의 출현

유물론의 경이로운 확산

[8]

생태학이 더 자율적이려면 계급이라는 용어에 새로운 의미가 부여되어야 한다. 그런데 현재 녹색 계급은 지난 두 세기의 투쟁들과 관계를 설정하지 못할까 봐 두려워한다. 예컨대 녹색 계급을 충분히 "좌파"가 아니라고 비난하면서 윽박지르기는 쉬울 것이다. 이 점을 명쾌하게 하지 않는 이상 녹색 계급은 자신들의 투쟁을 자기 자신을 위해 스스로 규정하지 못할 것이다. 그렇지만 모든 녹색 계급이 관계의 경제화에 저항하는 사회적 투쟁들을 역사적으로 이어받고 있는 것은 사실이다. 녹색 계급은 생산의 개념에 이의를 제기한다. 그렇기 때문에 사회를 **희생시켜** 경제를 자율화하는 것에 대한 전반적인 거부를 증폭시킨다고 할 수 있다. 확실히 이 점에서 녹색 계급은 **한 치의 어긋남도 없는** 좌파이다.

[9]

그렇지만 생산의 개념과 이상에 여전히 깊이 연계된 "계

녹색 계급의 출현

급투쟁"의 전통에 보조를 맞추어야 할 때에는 이야기가 달라진다. 새로운 상황을 기존의 틀 안에 밀어 넣는 것은 언제나 유혹적이지만 녹색 계급이 그저 "반자본주의" 투쟁의 연장선 위에 있다고 서둘러 단언하지 말기로 하자. 생태주의가 이러한 조건반사적인 단언으로 자신의 가치들을 제한하지 않은 것은 옳았다. 그러므로 이 논쟁을 종결짓고 왜 이 점에서는 필연적으로 연속성이 없는가를 이해하는 것이 중요하다. 이것은 "우파도 좌파도 아닌"이라는 상투적인 표현에서 발견되는 핵심적인 진실이다. 그리고 이 진실은 이른바 사회주의적 이상의 "넘어서기"와는 아무런 관계가 없다.

[10]

20세기를 지나면서 사회 조직의 형태가 변했다. 이에 따라 많은 분석가가 연속적으로 계급의 개념을 수정했다. 그러나 마르크스는 여전히 이 분야에 뛰어들기 위한 길잡이이다. 역사적으로 매우 뚜렷하게 구획된 어떤 시기 동안 "계급이론"은 사람들에게 무엇이 그들의 삶을 지탱하는지, 그들이 사회적 풍경에서 어디에 위치하며, 누구와 싸움을 벌이는지에 대해 분명한 방향을 제시하는 나침반 역할을 했다. 근대적 의미에서의 "계급", "계급 이익", "계급투쟁", 그리고 논란의 여지가 많은 "계급의식"은 다음과 같은 문제를 해명하기 위한 용도였다. 다양한 사람들이 다른 이들과 어떻게 생계의 조건을 공유하거나 공유하지 않는가? 중첩된 층을 이루는 물질적이고 사회적인 풍경에서 어떻게 사회 집단들이 다양한 위치를 점하는가? 끝으로 어떻게 이 집단들이 사회 및 정치 갈등 속에서 대립적인 이익 관계로 말미암아 불가피하게 상호적인 대결을 펼치게 되는가? 그래서 사회학과 정치 문화에 대한 사회주의의 영향이 그토록 컸던 것이다. 자유주의처럼 마르크스주의도 역사에 의미를 부여했다. 녹색 계급 또한 존재하고자 한다면 **적어도 마르크스주의만큼은** 해야 하고 특히 역사, **자기** 역사의 방향을 규정해야 한다.

[II]

계급에 대한 마르크스주의적 정의는 물질적 조건 — 사회

적 조건은 **물질적** 조건의 표현일 뿐이다 — 을 이해하는
데 기여했다. 마르크스의 나침반이 유용했다면 이는 사회
가 지속되는 데 필요한 과정을 비교적 분명하게 묘사하는
데 중점을 두었기 때문이다. 마르크스주의는 먼저 사회를
재생산하는 메커니즘을 **묘사**하며, 이어서 이 재생산 과정
에서 행위자들이 대립적으로 위치하는 방식을 **평가한다**.
계급에 입각한 분석이 유물론적이라는 것은 바로 이런 의
미에서다. 그러므로 녹색 계급이 이 전통을 이어받고자
한다면 녹색 계급은 마르크스주의의 전통이 주는 교훈을
받아들여서 자기 존재의 **물질적 조건**과 관련하여 자기규
정을 시도해야 한다. 새로운 계급투쟁은 옛 계급투쟁만큼
유물론적인 접근을 토대로 전개되어야 한다. 연속성은 바
로 이 본질적인 점에서 존재한다.

[12]

그러나 정말이지 **그것은 이제 동일한 물질성이 아니다!**
여기에서 사회주의의 전통과 오늘날 떠오르게 하는 것이
문제인 관심의 대상 사이에 상대적 불연속성이 생겨난다.

23
유물론의 경이로운 확산

분류에 관해 갈등이 있는 것처럼 생활 조건의 유물론적 분석을 구성하는 것에 관해서도 갈등이 있다. 마르크스에게는 인간의 생존과 생식이 모든 사회와 사회사의 기본 원동력이었다. 그래서 인간 사회와 사회사에 대한 모든 분석의 첫 단계는 필연적으로 인간을 태어나게 하는 과정과, 인간 사회 및 집단에 존속을 허용하는 물질적 조건 — 인간이 먹는 것, 마시는 물, 입는 옷, 거주하는 집 등 — 을 설명하는 것이었다. 마르크스가 사회사의 토대로 간주한 것은 바로 이 물질적 재생산 조건의 생산이다. 그러나 무엇보다도 문제가 되는 것은 바로 **사람들**의 재생산이었다. 그렇기는 하지만 오늘날 우리는 전혀 다른 역사의 지형 안에 놓여 있다. 이제 우리는 동일한 역사를 좇지 않는다. 생산은 이제 우리의 유일한 지평을 규정하지 않는다. 그리고 특히 우리가 대면하고 있는 것은 이제 동일한 **물질**이 아니다.

[13]

바로 물질생활의 규정 자체가 변하고 있는 중일 때 무엇이 발생하는가? 사회주의의 나침반은 거의 배타적으로 **생산**과 **재생산**에 입각해서만 사유하기 때문에, 오늘날 계급의 풍경이 형태를 달리하는 방식을 설명할 수 없다. 기계 문명이 생겨날 때 그랬듯이, 오늘날 신기후체제는 우리에게 사회가 재생되거나 존속하는 과정을 **다시 그리도록** 강제한다. 또다시 "견고성과 영속성을 지녔던 모든 것이 연기처럼 사라진다."[4] 19세기에 그랬듯이 현재 우리는 사회의 하부구조가 엄청나게 변화하는 것을 목격하고 있다. 그 결과 우리는 옛 묘사에만 의존해서는 어떻게 집단들이 계속 존속하는가, 어떻게 집단의 장기 존속을 위한 수단이 유지될 수 있는가, 그리고 어떻게 집단의 역사가 기록되어야 하는가라는 문제에 더 이상 대답할 수 없다. 녹색 계급에 입각한 분석은 여전히 유물론적이지만, 인간만의 생산과 재생산 이외의 다른 현상 쪽으로 눈을 돌려야 한다.

[4] 문맥으로 알 수 있다시피 '영속할' 것 같은 기존의 '견고한' 사회과정을 가리킨다.

유물론의 경이로운 확산

제2차 세계대전 직후에 이 생산체계가 몹시 거세게 가속화되어 지구와 기후의 체계를 불안정하게 했다. 이는 "인류세(人類世)"나 "대가속(大加速) 시대"라는 말로 아주 잘 요약된다. 지금 우리는 사회의 연속성과 존속을 보장하는 힘이 기후 변화에 의해 강화되고 극적으로 변모하는 방식을 지켜보고 있다. 생산체계는 **파괴 체계**와 동의어가 되었다. 인간이 아닌 것의 재생산에도 집중될 마르크스주의적 분석은 무엇을 의미하는가? 오늘날 유물론적이라는 것은 인간에게 유리한 물질적 조건의 재생산 이외에도 지구라는 행성의 거주가능 조건을 고려하는 것이다. 후자의 조건은 전통적인 정당의 **정치경제학**이 **자원**의 이름으로 단순화하려고 애쓴 것뿐만 아니라 지구의 새로운 물질적 현실을 고려하도록 강제한다. 경제학은 생산을 위한 자원의 동원에 관심을 기울였다. 하지만 지구의 거주가능 조건을 유지하는 방향으로 **돌아설** 수 있는, 달리 말해서 생산에 대한 이 배타적 관심에서 **등을 돌려** 거주가능 조건의 탐색이라는 더 큰 틀로 나아갈 수 있는 경제학은 존재하는가? 이것이 새로운 녹색 계급의 관건 전체이다. 이 점에서, 다들 이해하다시피, 전통적인 "계급투쟁"과의 불연속성이 크게 돋보인다.

[15]

계급의 유물론적 분석에 관한 이 불일치는 결국 녹색 계급의 관점에서 이루어지는 분석이 어떤 점에서 좌파의 전통적인 투쟁을 — 하지만 나름의 방식으로 — **연장하고 갱신하는가**를 이해하게 해준다. 생산만을 지향하는 이러한 관심에서 벗어나 경제화에 대한 (칼 폴라니(Karl Polanyi)의 표현을 빌리건대) 사회의 저항을 확대하는 것이 중요하다. 20세기의 몇몇 투쟁은 명백히 마르크스주의의 전통에 의해 고취되었지만, 다른 많은 투쟁은 단순히 생산의 확대에 대한 거부를 명분으로, 그리고 생산이 나머지 사회생활의 틀 밖으로 벗어난다는 그 끔찍한 주장을 거슬러 수행되었다. 뤼카 샹셀(Lucas Chancel)이 말했듯이, "노예제의 폐지, 사회 보장, 모든 이에게 부여되는 투표권, 무상 교육은 엄밀하게 말하자면 물질 생산의 조직화 문제에 관해 말하는 것이 아니다." 이것들은 인간 사회가 경제화에 의해서만 규정될 수 없다는 대단히 중요한 표현이다. 따라서 마르크스주의적 발상의 유물론이 갖는 몇몇 한계를 비판하는 것은 또한 경제화에 대한 다양한 투쟁의 전통을 갱신할 수 있게도 해준다. 그러므로 사실 결정적이지만, 이 미묘한 차이를 제외하면, 녹색 계급은 해방을 주장하는 좌파의 역사를 이어받아 확대한다고 주장할 수 있다. 이러한 되풀이가 정말 일어났다는 징후는 이제 환경운동가가 노동운동가보다 더 많이 살해당한다는 점[5]에서 찾아볼 수 있다.

---

5   믿기지 않지만 환경운동가들이 거의 매주 4명꼴로 살해당한다고 보도되기도 했다. 드러나지 않은 경우를 포함하면 실제로는 수치가 3배에 이를 것이라고 한다. 이는 개발업자와 환경운동가 사이에서 충돌 사례가 증가하고 충돌의 폭력성이 더해지고 있기 때문이다.

녹색 계급의 출현

대반전

현 상황을 요약하자면, 이제는 모두가 파국을 막기 위한 결정적인 행동이 필요하다는 것을 이해했지만, 행동을 가능하게 해줄 중계점, 동기, 지침이 없는 상황이라고 말할 수 있다. "혁명"이나 "근본적인 변화" 또는 "무너져내림(collapsus)"에 관해 물리도록 말하지만, 잘 알다시피 이 불안감은 이슈들의 규모에 맞는 결집된 활동 계획으로 전혀 표출되지 않는 실정이다. 이 점에서 행동에 대한 호소는 앞선 세대들이 전쟁이나 재건, 경제발전, 세계화 등등의 단계에서 알았던 것들과 조금도 유사하지 않다. 예전에는 이상(理想)이 정열을 끓어오르게 했고 상황에 대한 이해가 동원을 충분히 가능하게 했다. 오늘날에는 파국의 확실성이 오히려 행동을 **마비시키는** 것 같다. 어쨌든 세계의 재현, 에너지의 용출, 가치의 수호 사이에 본능적인 **동조**는 없다. 반대로 모든 본능이 생산을 이해하는 옛 방식의 완전히 동일한 "되풀이" 쪽으로 향해 있다. 이러한 마비상태를 진단하고 불안, 집단행동, 이상과 역사의 방향 사이에 새로운 동조 관계를 찾아내는 것이 녹색 계급의 의무이다.

사람들이 마비상태의 원인을 이해하기 시작하는 것은 행동의 **방향** 자체가 뒤바뀌었다는 것을 알아차릴 때이다. 단순화하자면 두 세기 전부터 생산을 **늘리고** 얻은 부의 **분배를 약간 덜 불공정하게** 만드는 것이 문제였을 때 쉽게 에너지가 동원된다고 말할 수 있다. 물론 자유주의의 다양한 형태와 대다수 사회주의의 전통 사이에 수많은 알력이 있어 왔다. 하지만 생산량을 높이는 데에는 양쪽이 **완전한 일치**를 이루었다. 오히려 생산의 결실을 분배하는 올바른 방식에서 불일치가 생겨났다. 논쟁의 여지 없이 발전은 역사의 흐름이었다. 그리고 이 "돌격 앞으로!"라는 구호가 촉발하는 활력을 늘 기대할 수 있었다. 그런데 옛 모델과 비교하자면 오히려 "전속력으로 후퇴!"가 오늘날의 구호인 것 같다. 갑자기 생산의 증대, 발전의 개념 자체, 진보의 개념이 고쳐야 할 착오로 나타난다. 생산이 지구에 거주할 수 있는 조건의 **파괴**와 연결되면서 동원의 역량은 위기에 처한다. 그러므로 전문가들이 경고하는 거대한 위험에도 불구하고 실질적인 동원 효과가 그토록 적은 것은 놀랍지도 않은 일이다. 아주 오랫동안 생산에 결부된 정신, 조직, 행정, 법의 장치는 막다른 길이 된 것 쪽으로 관심을 이끌게끔 되어 있었기 때문에 헛바퀴를 돌고 있다. 오늘날 관심의 방향이 바뀌었지만 행동으로 이어질 수 있도록 해줄 새로운 장치는 아직 고안되지 않았다. 누구나 불안, 죄의식, 무력감에서 벗어나지 못하고 있다. 이 장치를 제공하는 것이 녹색 계급의 역할이다.

[18]

결정적인 방향 전환은 생산의 확대가 아니라 거주할 수 있는 지구 환경의 유지를 우선시하는 것이다. 이 점에서 "생산주의"를 제한하는 것뿐만 아니라 뒤장 카지크(Dusan Kazic)가 요구하듯이 생산의 지평으로부터 완전히 물러나서 생산을 인간들 사이의 관계, 그리고 인간과 인간이 익숙하게 의존해온 것들 사이의 관계를 분석하는 원칙으로 여기지 않는 것이 중요하다. 사실 생산에만 관심을 기울이는 태도의 부정적인 측면은 생산 활동에 필요한 모든 것을 단순한 자원의 역할로 축소하는 것이었다. 그런데 수천 년 동안 생명체들이 낳은 지구가 둘러싸고 감싸고 허용하고 용납하고 보장하는 것은 인간 활동을 위한 자원 이상의 것이다. 지구의 오랜 역사가 입증하듯이, 지구 생활의 연속성을 가능하게 하는 것은 바로 생명체들이다. 생명체들은 스스로 수십억 년의 세월 동안 기후, 대기, 토양, 대양을 포함하여 지구 생활을 만들어냈다. 생산체계는 일부분일 뿐인데다가 이 전체에서 가장 중요한 것도 아니다. 그것은 중심부에 제한되어 있다. 대신 주변부가 모든 자리를 차지했다. 사실 생산체계는 전혀 다른 조직에 박혀 있고 감싸여 있다. 그리고 이 조직은 생활조건을 파괴하는, 혹은 생활조건의 유지에 필요한 **생성**을 돕는 실천들에 주목하게 만든다. 생산한다는 것은 취합하고 조합한다는 것이다. 낳는다는 것이 아니다. 다시 말해서 세계의 거주가능성을 좌우하는 존재물의 연속성을 염려하고 생겨나게 한다는 것이 아니다. 이 반전을 포착하기 위해서는 키우기의 이상한 은유 대신에 **감싸기**에 관해 말하는 것이 더 유용할 것이다. 생산의 문제는 모두 생성의 실제에 둘러싸여 있고 꾸려져 있다. 생산의 문제는 생성의 실제에 달려 있다. **번영**이 언제나 생성에 달려 있었는데도, 우리는 성장이 초래하는 파괴를 잊고서 으레 성장을 궁지에서 빠져나오는 유일한 수단으로 이해한다. "마이

너스 성장"이 아니라 최종적인 번영에 대해 이야기하고 있다. 하지만 이 커다란 변화가 새로운 상식이 되는 것은 아직 요원해 보인다. 어떤 조건반사, 어떤 본능, 어떤 정서도 이를 드러내지 않기 때문이다.

[19]

계급 갈등은 생산과 생산의 결실을 분배하는 문제만을 중심으로 지난 두 세기의 역사를 조직함으로써, 지구의 물질적 조건이 갖는 **한계**에 짐짓 철저하게 눈을 감았다. 그러므로 녹색 계급은 **생산양식**의 분석에 의해서만 스스로를 규정해서는 안 된다. 녹색 계급을 다른 모든 계급들과 대립시키는 요소는 녹색 계급이 생산관계[6]의 자리를 **제한하고자** 하는 반면에 다른 계급들은 **확장하고자** 한다는 점이다. "과도기"라는 매력적인 완곡어법으로는 녹색 계급이 꾀할 아주 격렬한 반전을 제대로 강조할 수 없다. 바로 이 긴장 위에 새로운 계급투쟁이 자리한다. 핵심 문제는 이전처럼 생산체계의 **내부**에서 벌어지는 계급 갈등만의 문제가 아니라, 거주가능 조건을 유지하는 것과 생산체계 사이에 맺어지는 **불가피하게 논쟁적인 관계**라는 문제이다. 이 제2열의 긴장[7]에서 상황의 새로움 전체가 유래한다. 규범에 맞는 계급들, 마르크스와 자유주의자들이 말하는 계급들 — 경제화의 관점에서 역사를 읽는 방식에 의존하는 계급들 — 은 거주가능성의 문제를 생산관계로 돌려보낸다. 반면에 이 떠오르는 계급은 **정반대로 한다**. 자명한 근대적 질서 아래에서 진정한 대립을 드러낸다. 계급투쟁 아래에서 또 다른 계급투쟁을 말이다.

[20]

그러므로 생산과 단절하는 가운데 자기규정을 위해 투쟁하는 녹색 계급은 생산관계에 생성의 실제를 덧붙인

---

6   마르크스주의에서 생산관계는 생산과정에서 생산자(노동자)와 고용주(생산수단의 소유자) 사이의 (흔히 적대적인) 경제적, 사회적 관계로서 생산수단과 함께 생산양식을 구성한다.

7   거주가능 조건과 생산체계 사이의 긴장을 가리킨다. 제1열의 긴장은 생산의 결실을 분배하는 과정에서 생긴다. 이처럼 열을 나누는 것은 제1열과 제2열에서 계급 구분이 다르고 따라서 계급투쟁이나 긴장이 다르게 펼쳐지기 때문이다.

다. 생성의 실제는 생산관계를 가능하게 하면서 생산관계를 언제나 **둘러싸고 에워쌌다**. 그렇기 때문에 늘 인간 활동의 **외부**를 규정했다. 피에르 샤르보니에(Pierre Charbonnier)에 의하면, 녹색 계급은 **사람들이 살고 있는 장소로서의** 세계와 **사람들이 살아가는 수단**으로서의 세계가 동일한 울타리로 접합되어 있다는 점에 의해 정의된다. 그러므로 녹색 계급은 생산에 거주가능 조건의 회귀를 덧붙인다. 생산의 의지는 언제나 이 조건에 끼워 넣어져 있었다. **사회** 계급의 규정이 실제로 (마르크스에게서도 볼 수 있듯이) 재생산이라는 핵심 문제에 늘 달려 있었을지라도, 경제화의 비중 때문에 자유주의의 전통만큼 마르크스주의의 전통도 재생산의 중요성을 부정하고 과소평가하는 방향으로 떠밀려갔다. 계급투쟁은 뒤얽힌 지구사회 갈등이 아닌 적이 없었다. 오늘날 계급투쟁이 이러한 지구사회 갈등이라는 것은 더욱 명백해지고 있다. 경제화에 의한 판짜기는 이제 인간을 포함하여 **지구생활자**에게 자리를 내줄 수 없으므로 이 갈등을 해결할 수 없다.

새삼 합법적인 계급

그러니까 녹색 계급은 지구 차원의 거주가능성 문제를 떠
맡는 계급이다. 따라서 역사와 심지어 지구의 역사에 대
한 더 넓고 더 길고 더 복잡한 시각을 지니고 있다. 처음에
는 후퇴, 뒤쪽으로의 움직임, 거의 "반동적인" 입장처럼
보였던 것이 이제는 생명에 필요한 조건에 대한 감수성의
막대한 **확산**으로 변한다. 그래서 녹색 계급은 무언가를
기획하면서도 그것의 실질적인 조건을 파악할 역량이 없
었던 옛 계급들과 충돌한다. 자유주의도 사회주의도 거주
가능 조건을 심각하게 고려하지 않았다. 신나치주의자들
은 정도가 훨씬 더 심했다. 이 점에서 녹색 계급은 더 멀리
보고 더 많은 가치를 고려하고 더 많은 전선에서 이 가치
들을 지키기 위해 싸울 준비가 되어 있기 때문에 다른 계
급들보다 더 노베르트 엘리아스(Norbert Elias)가 부여하는
의미에서 합리적이라고 자임할 수 있다. 녹색 계급은 다
른 계급들이 포기하거나 배반한 **문명화 과정**을 재개하려
고 열망한다. 아무튼 문명을 이어가는 것이 문제다.

우리가 사는 세계를 우리를 먹여살리는 세계와 명시적으로 연결하면서 개별 주체, 개별 영토를 위해 우리가 사는 세계를 기꺼이 떠맡으려는 것은 행동의 **지평**을 확장한다. 이 지평의 확장 덕택에 녹색 계급은 자신에게 역사의 **방향**을 규정할 자격이 있다고 자임할 수 있다. 다른 계급들은 생산과 국민국가의 지평에 가로막혀 생성의 실제가 갖는 중요성을 계속해서 부인하고 있다. 엘리아스가 제시한 비교를 계속하자면, 부르주아 계급이 상승기 동안 귀족의 너무 편협한 가치관을 비난한 것과 마찬가지로, 새로운 녹색 계급은 위기 때문에 마비되고 근대 정치의 모험에서 벗어날 믿을 만한 출구를 찾아낼 수 없는 옛 지도층의 정당성에 의문을 제기한다. 바로 이처럼 행동의 새로운 지평을 여는 데에서 이 새로운 계급은 자신의 활력, 자신의 잠재적인 규합 역량, 요컨대 자신의 **긍지**를 끌어낸다.

녹색 계급은 현재의 지배계급이 브뤼노 카젠티(Bruno Karsenti)가 말하는 **주축계급**인지, 즉 정치적 입장들을 자신을 중심으로 조직하는 역할을 하고 있는지 의심한다. 녹색 계급은 합리적인 것의 재규정을 통해 역사의 흐름을 변화시키고자 한다. 그때 생태주의는 여명기에서 벗어나 우발적인 운동이기를 그치고 특히 생산관계에만 갇힌 옛 사회 계급들과의 관계에 입각하여 자기 위치를 가늠하기를 그만둔다. 녹색 계급은 지금까지 "지도적"이었던 계급들을 비판할 권리가 있다고 느낀다. 왜냐하면 이 계급들은 경제화를 제한하면서 생산의 한계를 설정할 줄도, 생성의 실제 쪽으로 향하는 큰 변화를 준비할 줄도, 단순히 국가 차원의 것일 뿐만이 아닌 출구를 찾아낼 줄도 몰랐기 때문이다. 본래 녹색 계급은 국내 정치와 국외 정치 사이의 배분을 변화시킨다. 외부의 땅이 국내 정치 안으로 들어온다. 고전적인 용어로, 자유주의의 전통 — 많은 부분이 사회주의의 전통에 의해서도 공유되고 있는 — 은 역시 자체의 개발 및 발전 계획을 **저버렸다고** 말할 수 있다. 이 지도층은 파국을 전혀 예견할 줄 몰랐고 이제 파국의 폭넓음에 직면하여 **그 어떤 합리성의 이름**으로 행동한다고 주장할 아무런 권리도 없다. 따라서 역사의 방향을 결정하고 지금까지 자기가 이끈다고 주장하는 다른 계급들의 존중을 스스로에게 부여할 어떤 정당성도 지니고 있지 않다. 이로 말미암아 다른 계급들의 경멸을 산다. 생산의 외부로, 그리고 국민국가에 의해 정해진 테두리 밖으로 행동의 지평을 늘리는 것, 이제부터 바로 이것이 형성 중인 녹색 계급의 책무이다. 이러한 것을 시도하는 덕분으로 이번에는 녹색 계급이 또한 다른 계급들을 이끌 희망을 품을 수 있다.

[24]

이 새로운 방향설정은 가능한 한 빨리 명확해져야 한다. 왜냐하면 지도층의 배반으로 말미암아 수많은 반동의 움직임이 풀려났기 때문이다. 그것들은 "땅과 죽은 사람들"[8]의 옛 본보기에 따라 다소간 좁은 경계 안에서 보호를 추

---

8   프랑스의 민족주의자 모리스 바레스가 1899년 펴낸 책의 제목이기도 하다.

구하면서 정체성에 대한 애착을 요구하기 시작했다. 그런데 이렇게 편협하게 규정된 영토는 택해야 할 방향에서 훨씬 더 멀어져 있다. 왜냐하면 옛 지도층이 근대화를 수용한다고 주장한 글로벌화의 꿈보다 거주가능 조건이 이 방향에서는 훨씬 더 근본적이기 때문이다. 반동분자들의 땅은 글로벌화 주창자들의 땅보다 훨씬 더 추상적이고 척박하다. 그것은 정체성, 죽은 사람들에 의해서만 규정될 뿐이다. 그것에 응집성을 부여하는 무수히 많은 살아 있는 사람들에 의해서는 아니다. 그러므로 녹색 계급은 적어도 두 전선에서 싸워야 한다. 허망한 글로벌화와 동시에 국경 안으로의 회귀에 맞서야 한다. 왜냐하면 이 두 가지 동향은 거주가능성의 문제와 동떨어져 있기 때문이다. 녹색 계급은 이 두 가지 경우에서 영토의 본질을 재규정해야만 한다. 생산을 둘러싸고 허용하고 제한하고 통제하는 모든 것이 재규정되어야 한다. 녹색 계급으로서는 이 근대화와 글로벌화를 주창한 옛 계급들의 내부와 외부를 다르게 나눔으로써 서로 동맹을 맺어 자기 이익의 증진을 위한 다른 방식을 발견하자고 설득하기를 희망할 수 있다.

그러므로 옛 주축계급들과 싸우는 녹색 계급은 땅, 영토, 국가, 민족, 국민, 애착, 전통, 한계, 경계와 같은 용어를 고유한 언어와 방식으로 규정하고 "진보적인" 것과 그렇지 않은 것을 자력으로 결정할 권리를 스스로 인정받는다. 녹색 계급은 영토와 땅이라는 용어를 쇄신하여 거기에 많은 생명체를 완전히 **다시 거주하게** 했다. 이를 구실로 녹색 계급은 녹색 계급에 대해 "반동적"이라고 하는 사람들의 비난을 부정한다. 오히려 계획을 앞당기는 것이나 반대로 뒤처지게 하는 것을 규정하는 중심축에 다른 의미를 부여한다고 주장한다. 단순화하자면, 사람들이 사는 장소로서의 세계와 사람들이 살아가는 수단으로서의 세계를 동일한 법, 정서, 도덕, 제도, 물질의 총체 안에서 서로 겹치게 해주는 모든 것은 **진보적**이거나 더 낫게는 **해방적**이라고 일컬어질 것이고, 이 중첩 관계를 약화시키거나 무시하거나 부정하는 모든 것은 **반동적**이라고 말해질 것이다. 결과적으로 근대화 추진 계급들 전체가 근본적으로 시대에 뒤진 것처럼 보인다.

정서의 혼란

정서의 혼란

관찰자들은 오래전부터 파국의 위협도 확실성도 그 긴급
성의 단계에 어울리는 수준으로 대중을 움직이지 못한다
는 사실에 놀라고 있다. 그렇지만 위험신호는 40년 전부
터 울리고 있다. 20년 전부터는 모든 이의 귓전을 때리고
있다. 그리고 지난 10년간은, 특히 지난해[9]에는 수천만 명
의 경험에 위협이 생생하게 각인되고 있다. 그런데도 반
응이 일지 않는 것은 무엇 때문인가? 정보 조작 선전전,
로비의 힘, 무기력한 정신자세만으로는 설명이 안된다.
이 모든 것에도 불구하고 수백만 활동가가 활발하게 전투
에 뛰어들고 있다. 이런 유형의 적에 맞서려면 모여야 한
다는 것을 그들은 잘 이해하고 있다. 그들이 이해하지 못하
는 것은, 충분히 예측 가능한 이 대립이 왜 대다수를 위축
시켜 불편하게 하고 망연자실하여 행동할 수 없다고 느끼
도록 만들기에 이르는가이다. 이 한없이 길어지는 "가짜 전
쟁"[10]에는 명백한 위협에 대응할 통상적인 역량과 너무나
반대되는 어떤 것이 있다. 그래서 파국의 확실성, 불안, 죄
의식, 그리고 어려운 총동원을 마침내 드러내기 위해서는
어떤 장치가 필요할지를 계속해서 모색할 필요가 있다.

지난 세기에 호소력 있는 전형적인 가치는 번영, 해방, 자유였다. 이 깃발들을 흔들자마자, 이 목표들을 가리키자마자, 아무리 비겁한 시민이라도 용맹스러운 장수를 자처했다. 바로 이 강렬한 정서로 말미암아 옛 계급들은 생산의 발전에 나섰고 반짝이는 부와 자유의 약속을 내걸었다. 갑자기 사람들이 옛 계급들에게 이 번영, 해방, 자유의 가치를 전적으로 수정해야 한다고 고백한다면, 그들이 어떻게 열광에 휩싸일 수 있겠는가? 이 정동이 새로운 방향으로 접어들지 않는 한, 생태학은 지겹고, 한계가 있으며, 과거로 돌아간다는 비난 속에서 늘 전진을 방해받을 것이다. 생태학이 문제 삼는 것이 바로 진보인데 어떻게 생태학이 "진보주의"의 전통을 충실히 따르면서 경종을 울리고 군중을 동원하여 "앞으로" 나아가게 한다고 주장할 수

---

9   이 메모가 집필된 것은 2021년이므로 2020년을 가리킨다.

10   원래는 개전했으나 휴전하는 상태를 가리킨다. 본래는 1939년 9월 3일 나치 독일에 대해 영국과 독일이 선전포고했지만, 실질적인 전투는 벌어지지 않다가 1940년 5월 10일 독일의 공격으로 진짜 전쟁이 시작되는데, 이 약 8개월 동안의 전쟁을 가리킨다.

정서의 혼란

있겠는가? 생태학은 "처벌 생태학"[11]의 꼬리표를 결코 떼 낼 수 없을 것이다. 처벌 생태학은 어떻게든 거주가능 조 건의 유지 쪽으로 향한다 할지라도 웬만한 열광을 촉발시 키지는 않을 것이다. 번영의 보장은 어디에 있는가? 해방 을 계속하겠다는 약속은 어디에 있는가? 어떻게 자유의 이상을 유지할 수 있는가? 어떻게 발전(développement)의 약속에서 아직은 흐릿한 감싸기(l'enveloppement)의 약속으 로 갑자기 넘어갈 수 있는가? 실제로 이 문제들은 모든 동 원의 의향에 찬물을 끼얹는다.

[28]

따라서 자유에 연결된 정서를 다르게 재규정하는 것이 중 요하다. 이 정서는 역사의 흐름에서 끊임없이 변해왔다. 자유의 **소극적인** 이해는 개인으로 하여금 통치자의 속박

---

11   세금, 금지, 보험료의 할증, 할당량 등에서 생태학이 속박하는 성격의 것 일 때 이 '처벌'이라는 한정사가 붙는다. 달리 말하자면 '자유를 침해하는' 생태학이다. 정의상 생태학을 나쁘거나 바람직하지 않은 것으로 폄하할 때 말해진다.

과 지배에서 벗어나게 해주는 것이다. 자유의 **적극적인** 이해는 공동체로 하여금 자율적으로 함께 살아가게 해주는 것이다. 어느 쪽으로 이해하건 자유는 개인이나 인간 공동체의 경계를 미리 확정하는 것을 전제한다. 그렇지만 사람들이 살기 위해 의존하는 세계가 사람들이 사는 장소로서의 세계에 포함될 것을 요구할 때에는 더 이상 경계 설정에 어떤 의미도 없다. 해방의 의미가 바뀐다. 이제 해방은 우리를 살아가게 하는 것에 마침내 마음 편히 **의존하는 것**이 된다! 생태학은 **경계**들의 개념과 위치를 재설정한다. 생태학은 한편으로는 지구시스템을 감싸고 있는 것의 "한계 내에 머무르려"고 시도해야 하므로 장벽들을 계속해서 뛰어넘으려는 근대의 열정에 반대하고, 다른 한편으로는 이 동일한 지구시스템의 과학에 힘입어 얼마나 한계가 잘못 알려져 있고 어떻게 한계가 **우회될** 수 있는지를 알아차린다. 모든 주제에 관해, 그리고 모든 층위에서, 인간 집단이나 생물체만큼 국민국가의 층위에서도 생태학은 바로 옛 한계 개념들의 한계에 조사와 변경의 노력을 기울인다. 그러므로 생태학에서 "해방"은 인간만을 위한 생산의 틀 안에서 자유주의자와 사회주의자에 의해 탐색된 자유 관념의 좁은 범위에서 벗어나는 것을 의미한다.

정서의 혼란

이전의 계급들의 역사로 말미암아 흔히 땅, 민족, 국가와
연결되는 귀속, 정체성, 애착, 지역성, 연대, 집단생활, 일
반대중에 관한 언뜻 보아 상반되는 개념들도 사정은 마찬
가지이다. 그런데 옛 근대인들이 상륙하는 땅은 옛날식의
진보주의자들이 뒤에 남긴다고 주장한 땅과 동일한 속성,
동일한 구성요소, 동일한 "본질", 동일한 "정체성"을 전혀
지니고 있지 않다. 그러므로 이것들에 새로운 의미를 적
극적으로 **재부여하는** 것은 얼마든지 가능하다. 이처럼 의
존을 새롭게 배워나가는 것으로 해방과 자율성 추구를 재
규정할 수 있다. 우리가 의존하면 할수록 더 좋은 일이다.
하지만 '해방하는 속박'¹²의 이러한 탐색은 우리의 관습에
얼마나 어긋나는 것인지!

---

12   2009년에 설립된 좌파 성향의 출판사이다. 경제 발전만큼 인간 발전을 가
      능하게 하는 유대 관계에 빗대어 만들어진 이 명칭은 의존이나 속박을 내
      포하는 유대 관계가 모순적이지만 해방의 요인일 수 있다는 것을 의미한다.
      이 점에서 해방과 의존이 일치할 수 있다는 저자들의 논지에 들어맞는다.

녹색 계급은 자유와 해방의 가치를 물려받고 떠맡는다. 하지만 생산 개념과 부의 다소간 공정한 분배 개념이 제 쳐놓은 자신의 실제적인 조건과 마침내 양립 가능한 의미 를 자유와 해방의 가치에 부여해야 한다. 칼 폴라니가 제 시했듯이 대지, 노동, 화폐는 양도할 수 없고 자기 것으로 삼을 수 없다는 것이 사실이라면, 이는 녹색 계급이 거주 가능성의 유지를 중시함으로써 마침내 자신의 **진정한 소 유자들**을 새롭게 만난다는 것을 의미한다. 데카르트는 이 를 예상하지 못했다! 소유는 세계를 인간이 소유한다는 의미가 아니라 세계가 인간을 소유한다는 의미이다. 개발 에 힘입어 "자연의 지배자 겸 소유권자"가 되는 것은 바로 그들이다... 생명체들은 자기 자신을 만들어냈다. 그리고 지구라는 행성, 또는 적어도 지구 위의 거주 가능한 아주 작은 부분을 서서히 생성했다. 이는 라틴어로 '**쉬 제네리 스**(*sui generis*)'라고 하는 과정, 즉 스스로를 생성하는 과정 을 통해 이루어졌다. 그러므로 생명체의 소유자는 당연히 생명체 자신이다.

이리하여 갑자기 자연은 보호해야 할 피해자가 아니라 우리들 인간의 소유자로 나타난다. "우리는 자신을 지키는 자연이다"라는 자연보호주의자(zadistes)[13]들의 이 당당한 구호는 바로 이러한 의미이다... 우리는 가련한 피해자 앞에서 뉘우칠 필요가 없다. 하지만 우리의 참된 소유자에 의한 힘겨운 뒷수습을 감내해야 한다... 이 반전으로부터 한 무리의 법률가들이 입법에서까지 결과를 끌어내고 있는 중이다. 생활조건의 거주가능성을 유지하고 확대하고 복원할 수 있게 해주는 생성의 실제는 다시 찾아내서 돌봐야 제격인 것이 된다. 우리가 체험하는 것은 유명한 **인클로저** 국면의 정반대이다. 갑자기 인간이 유폐된다고는 말할 수 없겠지만 정말로 감싸이고 에둘리고 **둘러싸인다**! 하지만 문제는 이렇다. 이러한 가치의 전복을 어떻게 긍정적으로 만들 것인가? "나는 의존한다. 이것이 나를 해방하는 것이다. 나는 마침내 행동할 수 있다."라는 이 표현을

---

13   자연경관 보호를 주장하는 사람들로 자연보호구역(Zone à défendre, Zone to Defend)의 약자인 ZAD에서 온 명칭이다.

어떻게 **상식**으로 변화시킬 것인가? 어떻게 이것을 연대와 해방을 폭넓게 이해하는 새로운 토대로 만들 것인가?

[32]

우리는 현재 그토록 기다려지는 대중의 움직임이 불가피하면서도 동시에 계속 늦어진다는 것을 이해한다. 정서들은 무의식적 자동성을 만들어낼 수 있게 **정렬되어 있지 않다.** 그리고 끔찍한 것은 정동을 하나하나 올바른 방향으로 정렬하기에는 우리에게 시간이 부족하다는 점이다. 발전을 위한 동원의 톱니바퀴 장치가 된 조건반사를 자유주의자들이, 그리고 이어서 사회주의자들이 창안하기 위해서는 여러 세기가 필요했다. 공통 문화를 구성하는 요소들의 이러한 갱신이 뒤처져서, 옛 사회 계급들에 결부된 가치와 녹색 계급이 촉진하는 것처럼 보이는 가치 사이에 엄청난 간극이 생겨났다. 녹색 계급은 이 전투에 충분히 참여하지 않은 탓으로 정치 문화를 감정, 예술, 작품, 주제, 이미지, 이야기의 너무 좁은 범위로부터 벗어나게 하지 못했다. 그 바람에 녹색 계급에게는 자신이 맞서 싸우는 계급들에 의해 야기된 **정치적 열정**을 기를 수 있는 **미학**이 심하게 결여되어 있다. 아미타브 고시(Amitav Ghosh)가 말하는 '대혼란(Grand Dérangement)'[14]은 아직 녹색 계급을 충분히 흐트러뜨리지 않은 듯하다! 지금으로서는 정치생태학이 사람들을 정신적으로 겁에 질리게 하고 권태로 하품하게 하는 위업은 달성하고 있는 셈이다... 그렇기 때문에 정치생태학은 행동의 마비를 너무 자주 야기한다.

14 아미타브 고시는 1956년에 태어난 인도 소설가이다. 주로 역사소설을 썼다. 그리고 '대혼란'은 그가 2016년에 펴낸 논픽션 소설 『대혼란: 기후 변화와 상상도 할 수 없는 것』을 가리킨다. 이 책에서 그는 기후 변화와 관련된 문화, 역사, 정치, 그리고 이 문제의 배후에 놓여 있는 식민주의를 논의한다.

다른 세계에서
다르게 흐르는 역사

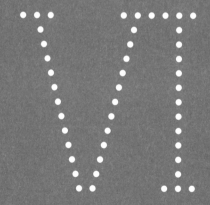

함께 행동하지 못하는 이 무력증의 근본 원인을 계속해서 탐색하면 정서의 혼란 이외에도 비난받아 마땅한 체념, 안달하는 무기력, 막연한 의향의 그 혼란스런 태도, 그리고 동시대인을 그다지도 특징짓는 그 모든 **서글픈 정념**을 대부분 설명해주는 두 가지 요인[15]을 찾아낼 수 있다. 마치 우리가 우리를 이끈다고 추정된 역사의 방향에 관해 주저하는 듯하다. 그리고 우리는 자연에 대해, 더 낮게는 우리가 행동을 취하기 시작한다고 추정되는 세계의 견실성에 대해 확신이 없다. 그래서 모든 것이 복잡하게 꼬인다. 이 세계는 우리에게 **낯설어졌다**. 글자대로의 의미에서 "우리는 이제 우리 집에 있지 않다." 모든 운동과 반-운동에도 불구하고 이전 시대는 "자신이 어디로 가는지" 알았다고 말할 수 있다. 왜냐하면 이전 시대는 **근대화되고** 있었기 때문이다. 게다가 더욱 안심되는 일로서, 이전 시대는 충분히 안정되고 예측 가능하고 익히 알려진 물질계에 기댈

15　막연하게 두 가지 요인이라고 지칭되어 있는데, 그 다음에 이어지는 두 문장의 내용, 즉 역사의 방향에 대한 우리의 망설임, 그리고 자연과 세계의 견실성에 대한 확신의 결여를 가리킨다.

수 있었다. 그러한 확실성을 공유한다는 것은 경보가 발령되자마자 신속하게 반응할 수 있다는 것이다.

[34]

역사의 방향은 하늘에서 떨어지는 것이 아니다. 다른 계급들의 출현이 보여주듯이 역사의 방향을 만들어내고 퍼뜨리고 자리 잡게 하고 실행해야 한다. E.P. 톰슨 (Thompson)의 서술에 따르면 "영국 노동계급"이 형성되는 데에 한 세기가 걸렸다. 근대성의 오랜 발명을 기억해보라. 근대성을 "돌이킬 수 없고" "열광적인" 운동으로 만들기 위해 얼마나 많은 붓이 필요했는지를. 그리고 그것이 바로 우리 눈앞에서 역전되고 있다! 엘리아스가 자료를 통해 분명히 뒷받침했듯이, 한 계급의 전진에는 어떤 필연성도 없다. 20세기 동안 기후 문제에 관한 "부르주아 계급"의 의도적인 맹목이 무참히 증언하듯이, 어떤 섭리도 어떤 "시대정신(Zeitgeist)"도 유럽사의 방향을 규정한다고 주장한 이들을 이끌지 않았다. 생태주의 문화의 지지자들이 무엇을 하든 "시간은 생태주의 문화의 편"이라고 생각한다면 이는 큰 오산이다. 지난 세기 동안 지배계급이 한 모든 약속을 어그러뜨린 것은 바로 불가피한 "근대화의 전선"이라는 관념 자체이다. 불가피한 근대화의 전선이 있지 않은 것과 마찬가지로, 돌이킬 수 없는 "생태화의 전선"을 기대해서는 안 된다. "위기가 있는 곳에 돌파구도 있다"라는 이 몹시 악마적으로 거짓인 문장이 반복해서 가르치는 것과는 반대로, 다가오는 파국이 사람들을 변화시키리라고 기대해서도 안된다. 어떤 것도 우리를 구원하지 못한다. 특히 위기는 그러지 못한다. 성공은 우연한 기회를 포착하는 우리의 역량에 전적으로 달려 있을 것이다.

[35]

옛 지배계급들이 그들의 약속을 배반했다면 이는 분명히 그들 자신이 불가피한 역사의 방향, 논란의 여지가 없는 **텔로스**(*telos*)를 따르고 있다고 생각했기 때문이다. 이로 인해 그들은 이 역사가 펼쳐진다고 여겨지는 **공간**의 성격에 무감각해졌던 것이다. 전 지구적 한계의 돌연한 회귀로 인해, 녹색 계급은 어떤 것도 가로막을 수 없을 운동의 **전위**(前衛)를 자처한 다른 계급들의 오류를 되풀이할 수 없게 되었다. 이 자칭 "합리적인" 계급들은 미래를 미리 구현한다고 주장했다. 이로 인해 그들의 미래는 전망할 수 없는 것이 되었다. 그들은 급속하게 흐트러진 이상향 쪽으로 말없이 향했다. 근대화에 맹목적으로 이끌렸던 세계는 그저 존재하지 않을 따름이다.

[36]

녹색 계급을 가장 당혹스럽게 하는 것은 녹색 계급이 역사의 방향, **유일한 방향**이라는 관념을 두고 다투어야 한다는 점이다. 하지만 녹색 계급은 사람들이 사는 장소로서의 세계와 사람들이 살아가는 수단으로서의 세계를 접합해야 하기에 역사의 방향을 앞으로 나아가는 움직임으로서가 아니라, **거주하고** 생성의 실제를 **돌보는** 방식의 증가로 사유하지 않을 수 없다. 전자는 과거를 미래로부터 떼어낸 근대인들의 사유방식이었고, 후자는 과거나 현재 또는 미래에 속하는 것에 대한 전적인 무관심 속에서 형성되는 사유방식이다. 그러므로 역사는 이제 유명하고 유일한 "시간의 화살"을 그리는 긴밀히 결합된 전선으로의 결집이 아니라 역사의 옛 방향이 너무 단순화하려고 애쓴 것을 바로잡고 고치는 모든 방향으로의 분산으로 이해된다.

[37]

그러므로 이 계급에게 고유한 **전복** 유형은 "투쟁들의 수렴"을 추구하는 과거의 "혁명" 정신으로부터 최대한 멀리 떨어져 있다. 이제는 생산체계의 장악만을 목표로 하는 것보다 훨씬 더 급진적이고 혁명적인 단절이 문제이다. 모든 주제에 관해, 그리고 모든 층위에서 활동가들이 참여하는 수많은 투쟁에서 다중성, 다양성, 특수성이 가져다주는 이득은 바로 이 점에 비추어 이해할 수 있다. 저마다 나름의 방식으로 **자신들의 역사를 만들고** 또 우리의 역사를 만드는 생명체들의 가르침에 역사가 매번 굴복하는데 어떻게 역사에 단 하나만의 방향만을 부여하겠는가?

근대화된 이들에게는 과학에 의해 인식된 유일한 물질세계만 존재했다. 그렇기 때문에 이전 시대에는 행동의 통일 ─ 적어도 우리가 회고적으로 떠올리는 것들 ─ 이 가능했다. 그런데 현재 혼란의 근본 원인은 우리가 대응해야 하는 세계가 더 이상 이 동일한 물질세계가 아니라는 점이다. 인류학자들처럼 표현하자면 우리는 **우주론**을 바꾸었다. 이를 가장 잘 이해시켜주는 것이 바로 현재의 가혹한 세계적 유행병 경험이다. 이 바이러스의 존재에 적응해야 하는 문명 전체의 마비상태는 신기후체제에 충분히 신속하게 반응할 수 없는 무능을 강조하고 예고하고 강화한다. 이 새로운 체제 앞에서 우리는 자신들의 세계를 황폐화하는 근대화에 충격을 받은 옛 "미개인들"만큼 옹색한 처지이다. 이제부터 이 "탈근대화"의 충격에 반응할 수 없는 부적합한 저개발 상태의 "미개인들"이 바로 우리인 것이다!

발전의 도상에 있는 근대인들은 자연에서 편안함을 느꼈
다. 그들의 우주론 모델은, 고전적인 예를 들자면, 낙하 법
칙의 산출을 가능하게 한 갈릴레이의 경사면[16]일 것이다.
모든 것이 이 모델과 유사하게 되어 있었다. 그러나 이 모
델이, 고전적인 사례가 끊임없이 입에서 입으로 전파되
고 감염시키고 변이를 일으키고 엄습하는 바이러스로 바
뀐다면, 그리고 이제부터는 복수형으로 써야 하는 과학이
바이러스를 통제하기는커녕 바이러스처럼 변하면서 바
이러스의 자취를 좇아가게 되었다면 대체 어떻게 해야 하
는가? 구 세계의 반응을 기대했던 사람들에게는 전면적
인 혼란일 뿐이다. 우리는 이제 자연 안의 인간이 아니다.
우리 모두는 우리와 함께하고 우리에게 맞서면서 자유롭
게 진화하는 다른 생명체들 한가운데에서 생명체로서 동
일한 **테라포밍**(terraforming)[17]에 참여한다. 갈릴레이의 세
계에서는 유행병이 해결의 도상에 놓여 있는 위기일 것이
다. 우리가 살고 있는 세계에서는 코로나 바이러스 감염
증으로 말미암아 우리도 바이러스처럼 생명체로서 끊임
없이 동일한 테라포밍에 참여하지 않을 수 없을 것이다.

이는 정말이지 끔찍한 교훈이다.

[40]

이것이 아무 반응도 못하는 무기력함의 원인이다. 유행병
을 막기 위한 노력은 촌각을 다투는데 한가하게 벽돌담이
나 쌓고 있는 셈이다. 모든 것이 움직이고 모든 것이 진화
하고 모든 것이 변이한다. 세계의 저항이나 **응집성**을 의
심하기에 이를 정도이다. 우리의 행동에 반응하지 않는

16   1609년 갈릴레이는 경사면을 따라 구르는 공의 움직임을 관찰함으로써
      관성의 법칙을 알아낸다. 수평면을 사이에 두고 양쪽에 경사면이 있는 실
      제의 실험에서는 내려갈 때와 올라갈 때의 공의 속도, 경사면 각도의 차이
      에 따른 공의 궤적, 마찰이 적을 경우 공의 출발지점과 도착지점이 거의
      같다는 점 등을 관찰한다. 그리고 나서 마찰이 없는 수평면을 무한히 늘린
      다고 가정할 경우에 경사면을 타고 내려온 공은 끝없이 굴러가리라고 추
      론해낸다. 이 마지막 과정에는 추상화 과정에 근거한 사유의 실험이 개입
      되어 있다.
17   terraformation이라고도 한다. 문자 그대로의 의미는 '지구처럼 만들기' 또
      는 '지구화'이다. 행성, 자연위성, 또는 다른 천체의 자연 환경을 의도적으
      로 변화시켜 인간이 거주할 수 있게 만드는 과정을 의미한다. 일반적으로
      대기의 조성, 기온, 생물권을 지구의 특성과 유사하게 변형하는 것이다. 아
      직은 공상과학소설의 차원에 머물러 있는 가설이지만 언젠가는 실현될 수
      도 있을 것이다. 여기에서는 지구 자체를 두고 이 용어를 사용하고 있다.

다른 세계에서 다르게 흐르는 역사

배경이 있었다. 이제부터는 그것이 바이러스, 기후, 부식토, 숲, 곤충, 미생물, 대양, 강 등 모든 층위에서 반응한다. 갑자기 겁먹고 길을 잃고 서툴러진 우리는 무엇에 "착수"해야 할지 무엇보다 "세계를 어떻게 대해야"할지 알지 못한다. 약간은 "마침내 인터넷을 시작하도록" 강요당하는 불행한 사람들과도 같다. 생성의 문제는 우리의 이해를 넘어선다. 우리 땅 위의 이방인인 우리는 길을 잃고 전의를 상실한다. 모든 것이 우리를 행동하도록, 그것도 빨리 행동하도록 재촉하고 있는데 말이다. 바로 이런 우주론의 커다란 변화가 아마 녹색 계급이 진단해야 하는 서글픈 감정의 주요한 원인일 것이다. 언젠가 권력을 행사할 기회를 갖고자 한다면 녹색 계급은 이 감정의 치료법을 빨리 만들어내야 한다.

녹색 계급은
잠재적으로 다수파다

[41]

살펴보아야 할 병리의 목록을 작성하는 것은 잔혹성을 발휘하는 것이 아니라 반대로 최소한의 현실주의를 보여주는 것이다. 대다수가 생산의 올가미에서 빠져나오기 위한 행동으로 넘어가지 않을 것인 한, 그들의 무기력이 어디에 기인하는지를 계속해서 조사할 필요가 있을 것이다. 만약 얼빠져 있음을 막연히 부끄러워하는 사람들에게 관심을 기울이는 대신에, 오래전부터 이미 전투 대형을 갖춘 이들 쪽을 돌아본다면, 다행히도 그림이 전혀 다르다. 곧 이들의 편에 마침내 "낄" 수 있을 것이다. 바로 이것이 이 "가짜 전쟁"의 역설이다. 한편으로는 생태학이 주변적인 것으로 보인다. 다른 한편으로는 모든 이가 이미 사실상 패러다임을 바꾸었다.

[42]

녹색 계급은 과거의 모든 전투를 이어받는다. 그 전투들은 매번 그때까지 하찮게 여겨진 새로운 행동가들을 드러나게 했다. 실제로, 역사의 흐름에서는 생산에 필수적인 실제 생성의 참여자들이 **증가하기**만 했다. 그러므로 이들은 당연히 우군이다. 무엇보다 그것은 아주 명백히 사회주의적 전통의 의미에서 프롤레타리아가 부의 생산과정에서 맡은 역할이다. 다음으로 페미니즘 운동이 경제학의 탄생과 여성에 대한 오랜 억압 사이의 관계를 제시하면서 보여준 역할이다. 또한 탈식민주의 운동이 식민지화와 부의 축적에서 벌어지는 불평등한 교환의 중대성을 보여줌으로써 나타내는 역할이기도 하다. 이 긴 계열에 **덧붙여져** 생명체와 지구시스템의 역할과 한계가 다양하게 드러난다. 이와 동시에 얼마만큼이나 생산의 울타리가 **한정**되었고 여전히 그러한지도 드러난다. "오늘날 누가 '부의 생산자'에 대해 이야기한다면 사람들은 다들 이것이 자본가에 관한 이야기이지 노동자에 관한 이야기가 아니라고 생각할 것이다"라고 데이비드 그레이버(David Graeber)[18]는

18 1961년 2월 12일 뉴욕에서 태어나 2020년 9월 2일 베니스에서 죽은 미국의 인류학자, 무정부주의 투사, 북아메리카 절대자유주의 이론가, '월가를 점령하라' 운동의 중심인물이다. 『뉴욕타임스』에 의하면 "앵글로-색슨 세계에서 가장 영향력 있는 지식인들 중의 하나"로서 2007년 예일 대학교에서 쫓겨난 다음에는 런던의 경제학교 교수가 된다.

녹색 계급은 잠재적으로 다수파다

말했다. 우리는 이를 이렇게 바꿀 수 있을지 모른다. "오늘날 누가 '부의 생산자'에 대해 이야기한다면 사람들은 다들 이것이 자본가에 관한 이야기이지 확실히 생명체에 관한 이야기는 아니라고 생각할 것이다." 보다시피 (녹색) 민족들의 잠재적 구성원은 이미 엄청나게 많다. 그들의 존재를 가시화한 다양한 운동들 간의 연속성을 강조하는 한 그렇다.

[43]

생산관계만 중시하는 태도를 포기할 때 얻어지는 이익이 또 하나 있다. "발전"의 영향력에 다소간 격렬하게 저항할 줄 알았던 이른바 **토착** 민족들 ― 그래도 2억 5천만이나 되는! ― 과 새로운 관계를 맺는 것이다. 이 민족들은 국민국가의 영토 확장을 저지하기 위해 국민국가의 경계선 내부에서부터 투쟁해왔고, '역사의 화살'에 기대지 않고 진보적 시간관을 수정했기 때문에 그만큼 더 중요한 동맹이다. 그들은 어떤 땅에 **거주하는 사람들**의 존재가 의미할 수 있는 것을 다양하고 새롭게 변형한다. 그럼으로써 생산적인 발전의 과거를 재현하기는커녕 오히려 만들어 내야 할 실제 생성의 완전히 현시대적인 사용법을 알려준 다. 교훈은 쓰라리지만, 새로운 "미개인들"에게 어떻게 근대화에 지향할 것인가를 가르쳐야 하는 것은 바로 옛 미개인들이다!

[44]

이 새로운 계급을 성공적으로 규정하기 위한 또 다른 핵심 수단은 신기후체제가 **세대들 사이**에 확립하는 생성의 유대 관계의 놀라운 전복 속에서 찾을 수 있다. 사람들이 사는 장소로서의 세계를 사람들이 살아가는 수단으로서의 세계와 분리하는 것은 확실히 공간의 문제일 뿐 아니라 시간의 문제이기도 하다. 미래를 산다는 것은 다음 세대에게 현재의 문제를 ─ 더 나중에! ─ 해결하도록 떠넘기는 것이다. 여기서부터 옛날 사람들이 우리를 배반했고 우리에게는 문자 그대로 **미래가 없다**는 인상이 생겨난다. 미래는 미리 삼켜졌다. 글로벌화 단계에 "젊은 세대의 취향"은 미래로 나아가기 위한 표지판의 구실을 했지만 배

녹색 계급은 잠재적으로 다수파다

반당했다고 느끼는 젊은이들의 느닷없는 반항은 오히려 늙은이들과 과거에는 "젊은이"였던 **"베이비부머들"**을 미성숙한 응석받이 청소년으로 간주한다. 이제 젊음은 이전처럼 옛사람들의 의고주의를 뒤엎어놓는 생산체계의 미래가 아니라 정반대로 더 나이가 많은 세대가 일부러 포기한 생성 문제의 **오래됨**을 나타낸다. 포섭해야 할 세력들이 여기에 많이 있다!

[45]

지식계급의 폭넓은 갈래가 이미 새로운 지평의 열림을 편들고 있다. 이 지평의 열림은 새로운 녹색 계급에게 옛 지도층의 "합리주의적" 주장과 그토록 상반되는 고유한 합리성의 형태를 잠재적으로 부여하는 것이다. 이는 명백히 지구시스템의 새로운 과학에 이런저런 자격으로 참여하고 기후 회의주의자들 때문에 벌어진 여러 차례의 큰 전투를 겪은 과학자들의 경우이다. 또한 생산의 협소한 속박 때문에 혁신의 욕망이 꺾인 기술자들, 발명가들의 경우이기도 하다. 모든 지적이고 학문적인 직업의 합리성

은 인식의 경제와 노동의 "합리적인 평가"에 맞설 준비
가 되어 있다. 혁신가들은 창안의 역량을, 또한 대학교수
들은 그들에게 연구를 계속하게 해주는 모든 것을 빼앗
겼다. 그렇지만 연구와 공학 그리고 생성의 실제 사이에
는 단절되었으나 많은 "실험실의 노동자들(travailleurs de
la preuve)"이 준비를 갖춰 다시 이으려고 하는 수많은 관
계가 있다. 눈앞에서 거주 지역이 사라지는 것을 목격한
모든 이는 물론이고 모든 활동가, 투사, 선한 의지의 사람,
보통의 시민, 농민, 정원사, 기업가, 투자가, 이런저런 자
격의 탐험가를 끊임없이 길어지는 이 목록에 덧붙여야 한
다. 모두가 스스로 이 형성 중인 계급에 동참한다고, 비록
당분간은 거기에서 자신의 이상을 알아보기 어려울지라
도, 동일한 문명 운동에 접어들어 있다고 느낄지 모른다. 그
렇다면 이를 통해 마침내 새로운 세계가 만들어질 것이다!

[46]

이 열거에서 종교를 빠뜨리지 말자. 종교는 여러 세기에
걸쳐 영혼, 풍경, 법, 예술을 변화시킬줄 알았던 세력들이

자 깊은 정동이다. 기독교도들의 경우는 특별하고 흥미롭다. 그들은 땅을 피하도록 떠밀렸고, 그래서 자신들의 교리를 일신할 수 있는 호소가 생태학에 있다고 느낀다. 그들이 "생태학"을 "이교"나 "내재성"에 연결하는 한, 그들은 우군이 아니다. 생태학 덕분에 그들은 그들 자신의 "정치신학"으로부터 해방될 수 있다. 그들은 어떻게 그렇게 될 수 있는가를 이해한다. 그러고부터 그들의 지원은 소중해진다. 이 근대적 정치신학은 종교와 무관하다고 주장하나 전혀 그렇지 않고 일일이 매듭 풀기를 배워야 하는 우주론, 신학, 휴머니즘 형태의 혼합이다. 그들의 도움에 힘입어 이 뒤엉킨 실타래를 풀기 시작할 수 있을 것이다. 그러므로 프란치스코 교황의 아름다운 표현(더 정확히 말하자면 아우성!)을 원용하건대, "지구와 가난한 사람들의 외침"이 마침내 들리도록 반복적인 의례를 통해 일하는 모든 이를 우리의 목록에 추가하자.

종합적으로 검토한다면, 형성 중인 녹색 계급은 전혀 주변적이지 않다는 것을 알아차릴 수 있다. 마르크스의 명언을 약간 고쳐서 원용하자면 "하나의 유령이 유럽과 세계의 나머지 지역을 떠돌고 있다. 생태주의라는 유령이!" 녹색 계급에게는 **스스로를 다수파로 규정하는** 것만이 결여되어 있다. 어떻게 보면 녹색 계급은 이미 새로운 제3신분, 즉 모든 것이기를 열망하는 아무것도 아닌 존재이다. 옛 제3신분의 경우처럼 녹색 계급에게는 자기 자신과 자신의 미래를 확신하는 긍지가 없을 뿐이다. 그리고 또 권력을 얻기에 유리한 어떤 상황, 완전히 우연한 어떤 상황이 아직 도래하지 않고 있다... 지금으로서는 녹색 계급이 "우리는 세계다, 우리는 미래다"라고, 심지어 아주 대담하게도 "우리는 다른 이들이 내버려둔 문명 과정을 다시 시작할 것이다"라고 외치면서 스스로 담력을 키우려 시도할 수밖에 없다. 그러나 녹색 계급의 배후에서, 인민은 아직 당당한 구호를 내걸 만큼 그렇게 수가 많지 않다. 그렇다는 것을 인정하자.

녹색 계급은 주위의 계급투쟁을 자신의 언어로 조직한다. 하지만 당분간은 세력과 경험이 대단히 **분산되어** 있기 때문에 이 계급의 출현에 제약이 있을 것 같다. 유명한 말을 패러디하건대 "정치생태학, 얼마나 많은 사단(師團)이오?"[19] 그러나 이 분산이 언뜻 불가피해 보이는 생산 확대의 운명에서 모름지기 벗어나는 것이라면 언제라도 **환영**이다. 규모의 변화를 언제나 불신해야 한다는 것은 정치에서도 사실이다. 맹렬한 공격으로 장애물을 거꾸러뜨리면 더 좋은 날이 올 것이라고 변함없이 주장하는 정치적 제안의 전통적인 형식에 맞춰 **단결하려는** 유혹에 저항할 필요가 있다. 바이러스 체제에서 더 좋은 날이란 없다. 생명체의 시간은 그렇게 흐르지 않는다. 거기에서도 구성의 요구로 인해 **느리게 가면서** 실행할 동맹을 나름대로 탐지하지 않을 수 없다. 정치생태학은 이 새로운 생명체 문화

---

[19] 스탈린이 1935년 러시아에서 종교의 자유를 존중하기를 요청하는 피에르 라발에게 또는 1945년 교황과 연합하기를 요청하는 처칠에게 했다고 하는 말 ― "교황, 얼마나 많은 사단이오?" ― 에서 유래한 문장이다. 이 간략한 표현은 한 국가나 어떤 실체의 중요성을 의문시할 때 사용된다.

에서 배양된다. 이 점에서 정치생태학의 다중성은 정치생태학으로 하여금 모든 방향에서 대안을 탐색할 수 있게 해주므로 소중히 여겨야 한다.

녹색 계급은 잠재적으로 다수파다

너무 방치된
불가결한 이념투쟁

1789년의 제3신분[20]에게는 녹색 계급에게 잔인할 만큼 결
여되어 있는 유리한 점이 하나 있었다. 제3신분이 국민이
되었을 때는 이미 사상투쟁이 모든 계급, 모든 사회집단
에서 100년간 진행되어 "정신을 준비시키고" 심지어 엘
리트의 가슴에 스며든 상태였다. 하지만 누가 오늘날의
엘리트를 100년 전부터 진행 중인 변동에 대비하게 했는
가? 엄청난 성찰 작업이 수많은 연구자, 사상가, 활동가,
도덕가, 투사, 시인에 의해 계속되었으나, 이른바 "녹색"
정당들은 이 작업을 이어받지 않았고, 지배계급들은 이를
살짝 건들고 지나갔을 뿐이다. 위에서 언급한 모든 주제
에 관해 몇 십 년 전부터 이데올로기 투쟁이 차근차근 수
행되었다면, 그 사유의 장소는 어디인가? 우리는 투쟁이
시작되지도 않았다는 소름끼치는 인상을 받는다. 다른 계

---

20   14세기 초에 생겨난 3부회(三部會)는 귀족과 성직자의 대표, 그리고 나머
지 프랑스 국민 전체의 대표로 구성되었다. 이로부터 시민·농민·수공업
자·소상인 등을 포괄하는 '제3신분'이라는 말이 생겨났다. 이른바 '앙시앵
레짐'(구체제)이란 인구의 대부분을 차지한 그들의 세금으로 1퍼센트에 불
과한 특권층(제1신분과 제2신분)을 부양하는 구조였다. 이러한 신분 제도의
모순이 심화되면서 프랑스 혁명이 일어나게 된다.

급들은 이루 형언할 수 없을 정도로 시끄러운 소리를 내고 미디어 공간을 가득 채우고 잡지, 텔레비전, 주간지에 기사가 나가고 국가의 주체 형성을 독점하고 비즈니스 스쿨과 경제학과를 늘어나게 한다. 하지만 이 녹색 계급의 기관(機關)들은 어디에 있는가? 이념투쟁에서 주도권을 잡도록 적당한 단계에서 반격할 수 있게 해주는 어떤 것도 없다.

[50]

그럼에도, 사회운동의 역사가 보여줄 테지만, 이러한 이데올로기 작업 없이는 우주론의 변경으로 방향을 잃은 다른 계급들을 지도할 하나의 계급이 탄생한다고 주장할 아무런 이유도 없다. 따라서 과거에 다른 계급들이 공적 무대에서 앞자리를 차지하기 위해 틀림없이 실행했을 엄청난 문화 조사 작업을 **거치지 않고서는** 결코 이 계급이 탄생할 수 없을 것이다. "헤게모니의 추구"라는 그람시의 테마, "기동전"을 수행하기 훨씬 전에 준비해야 하는 이 "진지전"은 비록 진부하긴 하지만 다른 모든 계급과 지금 출현 중인 계급에도 들어맞는다. 이른바 "객관적" **이익**만으로는, 자의식을 갖추고 다른 계급들을 설득시켜 동맹을 맺을 수 있는 계급이 출현할 수 없다. 계급투쟁에서 경제적 이익에만 입각하여 자신의 위치를 정하는 것이 불가능하다면, "생태학적 이익"도 마찬가지다. 매번 **문화 전체**를 휘저어 섞어야 한다. 이러한 싸움을 망설인다면 녹색 계급은 언제까지나 오합지졸 상태에서 벗어날 수 없을 것이다.

[5]

유일한 차이는 이전의 계급들보다 녹색 계급이 훨씬 더 큰 어려움에 처한다는 점이다. 우주론의 변화는 고려해야 할 관심 대상의 경이로운 증가를 수반한다. 주민 전체를 이 변화에 민감하게 반응하도록 만들 필요가 있다. 전통적인 사회 계급들은 모두 자신의 지구사회 차원을 이해한다. 설령 부인한다 할지라도 은연중에 이해하고 있는 것 같다. 이제부터는 투쟁의 대상이 거주, 자연, 관습, 영토의 유지, 그리고 생활 조건이다. 그러므로 모든 층위에서, 그리고 모든 대륙에서 다시 가장 중요해지는 것은 바로 이

녹색 계급의 출현

지구사회의 차원이다. 문제는 〈세계가 무엇으로 이루어져 있는가?〉인 만큼, 따라서 결국 형이상학인 만큼 이념 투쟁은 엄청나게 격화될 것이 뻔하다. 모든 세부사항이 중요해지기 시작한다. 바티스트 모리조(Baptiste Morizot)가 말하듯이 모든 늑대 무리는 철학을 가질 자격이 있다.[21]

[52]

이러한 우주론의 변화로 말미암아 녹색 계급은 틀림없이 새로운 비용을 들여 **인문학**을 이해하고 모든 유형의 매체를 통해, 그리고 모든 방식을 통해 어떻게 이 새로운 땅이 표현되고 느껴지는가를 모색하는 방향으로 나아갈 것이다. 사회사와 문화사를 살펴보면 어느 시대에나 문화와 **예술**에 중요성이 부여되었다. 이 점에 비추어 녹색 계급

---

[21]   바티스트 모리조는 1983년에 태어난 프랑스의 철학 선생 겸 연구자이다. 그의 연구는 주로 인간과 나머지 생물체 사이의 관계를 대상으로 한다. 이를 위한 추적의 이론가이자 실천자로서 곰, 표범, 늑대 등이 남긴 흔적으로부터 동물의 행동을 이해하고 이를 통해 인간과 다른 생물체 사이의 새로운 관계를 확립하고자 한다.

이 이러한 방향으로 나아가리라는 것은 분명한 사실로 보인다. 그러므로 녹색 계급은 자기보다 앞선 계급들의 변화, 문화에 의해 동원되는 주제들 전체를 규정한다고 주장하는 사회주의만큼 자유주의도 모방해야 한다. 시, 영화, 소설, 건축, 어떤 것도 녹색 계급과 관계가 없지 않다. 자유주의의 탄생에서 예술이 갖는 중요성이나 문화 비판에서 좌파가 행사하는 독점권과 비교해 보면, 공식 생태주의가 어느 정도로 이런 수단들을 갖추고 있지 않은지 깨닫게 된다. 지금으로서는 녹색 정당들이 예술의 장에 현저히 부재하거나 적어도 옛 정당들에 혜택을 준 예술과 정신의 광채를 전혀 지니고 있지 않다. 사실상 자연에 관심을 두기 때문에 마치 문화를 내버려 둬도 괜찮다는 듯이 말이다.

[53]

이러한 우주론의 큰 변동은 근대적 형태와 매우 다른 과학 사용법을 전제한다. 지구시스템에 관한 모든 논쟁 주제는 "자연"과학의 매개를 거친다. 왜냐하면 녹색 계급의 의식은 대체로 자연과학에서 비롯되었기 때문이다. 과학이 없다면, 우리가 세계의 상실에 관해 확실한 무엇을 알 것인가? 그렇다고 해서 과학이 자유주의나 사회주의의 시기에 맡을 수 있었던 통제와 보증의 역할을 차지하는 것은 아니다. 그 시기에 과학은 "무엇을 해야 하는지 안다"는 것을 내세워 정치에 대한 논의를 **생략**할 수 있었다. 생명체에 의해 형성되는 땅에 관한 새로운 과학은 오히려 언제나 논란의 여지가 많고 지구의 놀라운 작동 조건에 대한 탐구를 **수반한다**. 이 점에서 과학은 자신이 소용돌이를 예의주시하기 시작한 이 지구시스템만큼 유동적이고 불안정하다. 자신이 실험하는 사물에 대한 과학자의 기본적인 대변자 역할이 논란에 가세하는 많은 대변자의 역할에 **덧붙여진다**. 그러므로 이 과학으로의 접근 및 연구자와 맺어야 할 동맹은 새로운 이념투쟁에서 주요한 성공의 수단을 제공한다. 하지만 또다시 우리는 고려해야 할 주제들의 엄청난 **확산**에 직면해 있다. 이념을 위한 투쟁은 사실들의 구성에서까지 계속된다. 과학의 속사정을 꼼꼼하게 살피면서 어떻게 이 사실들이 다소간 잘 **요리되었는지** 유심히 확인할 필요가 있다. 발전시켜야 할 문화가 또다시 문제로 떠오른다. 하지만 이번에는 과학인문학

너무 방치된 불가결한 이념투쟁

의 문화가 관건이다.

[54]

우주론이 바뀌었을 때 현대의 역사를 정교하게, 통째로 재구성하는 것은 아주 중요하다. 이전 시기에 물려받은 개념들, 특히 '자연'이나 '자연보호' 같은 개념들이 현재의 요구를 끊임없이 말살하기 때문에 더 중요하다. 근대인의 "자연"은 자원의 형태로 생산에 통합되면서도 생산의 지평 "밖으로" 내버려졌다. 그러므로 여전히 사회적 관심사와 무관한 것이었다. 사람들이 자연의 운명을 염려할 수 있기 위해서는 사회의 관심에서 빠져나오는 것에 동의할 필요가 있었다. 사람들이 살아가는 수단으로서의 세계와 사람들이 사는 장소로서의 세계 사이에 맺어질 수 있는 관계의 재검토는 녹색 계급의 자기규정에 필수적이다. 이러한 상황에서 녹색 계급은 자연의 **근본적인 외재성**과 동시에 자연을 자원의 역할에만 **한정하는** 경향에서 벗어난다. 하지만 이 변화를 명확하게 규명하고 일반론에서 빠져나오기 위해서는 막대한 사전 작업이 요구된다. 따라서

녹색 계급의 출현

연구 인프라가 잘 갖춰지고 언제라도 작동할 수 있도록 준비되어 있어야 한다. 쟁기가 아무리 날카로울지라도, 설령 황소가 무거운 걸음으로 느릿느릿 걷는다 해도, 쟁기는 황소 **뒤에** 매다는 편이 더 낫다.[22]

지구 및 생명체의 형이상학에 관한 언뜻 보기에 철학적인 논쟁을 "너무 지적"이라거나 "머리카락을 네 가닥으로 쪼개게 한다"라는 이유로 무시해서는 안 된다. 우리의 선배들은 국가 장악에 필요한 개념들 각각을 훨씬 더 작은 부분들로 토막 내지 않았던가! "이기적이고 타산적인 개인" 또는 "대의제 정부의 시민"이라는 이 기묘한 괴물을 발명하고, 살게 하고, 돌보고 관리하기 위해 얼마나 많은 노력이 필요했을지 생각해 보자. "사회"나 "프롤레타리아" 또는 "노동가치"나 "사회문제"를 발명하는 데 두 세기가 걸

---

22   아무리 급하다고 킨키나투스에 빗댄 풍자(그는 낙향하여 쟁기 앞에서 밭을
      간다)처럼 쟁기를 끌면서 밭을 가는 것의 어리석음과 대비되는 말이다.

릴 줄 누가 알았겠는가? 누구나 준비 없이, 도구 없이, 훈련 없이 무수한 사람들의 관심을 지구의 거주가능 조건 쪽으로 집중시키고 싶어 할지 모른다. 이 외교전은 무력감을 줄 정도로 복잡하다. 그런데 생명체가 중요하다는 것은 명백한 사실이다. 따라서 이 외교전의 수행에 필수 불가결한 분별 능력을 생명체에 부여할 수 있다. 마치 이를 통해 생명체를 머지않아 충분히 전향시킬 수 있기라도 할 듯하다! 위험은 생명체가 호의적인 여론[23]의 대홍수에서 어떤 정치적 지렛대도 끌어내는 데 이르지 못한 채 도중에 익사하는 것이다.

[56]

그렇지만 생명체를 이해하고 생명현상을 새롭게 파악한다는 주제에서는 감수성의 변화가 명백하고 거의 보편적이다. 이에 따라 사람들은 확실히 미학을 바꾸는 중이다. 엘리아스가 말하는 의미에서의 계급 갈등이 이해충돌로

---

23   녹색 계급, 환경보호에 우호적인 여론을 말한다.

확정되기 훨씬 전에 우선 태도 — 호감과 반감 — 의 변화로 시작된다는 것은 이 갈등의 이점이다. 10년 전에도 생명현상은 과학에 의해 알려진 자연의 구역이라 할 수 있는 "생물학"과 혼동되었다. 가치, 상징적인 것, 인간적인 것, 영적인 것 등에 애착을 갖고자 한다면, 어떤 대가를 치르고서라도 이 구역에서 벗어날 필요가 있었다. 오늘날 "생명체"에 관해 말하지 않는 저서, 잡지, 축제는 하나도 없다. 하지만 예전과 동일한 생명체는 이제 없다. 누구나 생명체와 이어지고 생명체의 우여곡절에 끼어들고 세계가 무엇으로 짜이는가를 생명체로부터 터득하고 싶어 한다. 동일한 장내 박테리아가 대수롭지 않게 여겨졌다가 오늘날에는 거의 모든 이에게 욕망의 대상으로 맞아들여지는 것을 보라! 예전에는 상징적인 것, 인간적인 것, 영적인 것이 부적절하게도 "생물학"에서 멀리 **떨어져** 있었다. 이제는 사람들이 모든 생명체로부터 이 가치들을 다시 배우고 싶어 한다. 이는 도나 해러웨이(Donna Haraway)가 오래전부터 시도해왔고 그 후로 다른 많은 저자들이 계속한 어조, 화법, 태도의 변화, 감수성의 변화이다. 이제부터 생명체는 생물학만의 좁은 구역을 단연 넘어선다. 이는 세계 변화의 가장 고무적인 징후이다. 이로 말미암

너무 방치된 불가결한 이념투쟁

아 녹색 계급은 오래지 않아 예컨대 육류 소비에 관한 단조로운 논쟁 같은 것에서 진정한 계급 갈등으로 넘어갈 수 있게 될 것이다.

권력을 쟁취하기,
하지만 어떤 권력을?

사회운동의 역사 전체가 보여주듯이 태도, 가치, 문화를 이익의 논리와 동조하게 만들기 위해서는 아주 오랜 시간이 필요하다. 다음으로 친구와 적을 분명히 구분할 필요가 있다. 이어서 많이 언급된 "계급의식"을 키워야 한다. 끝으로 정치적 제안을 창출하여 계급들이 제도화된 형태로 갈등을 표현할 수 있게 해주어야 한다. 그러므로 이념투쟁은 반드시 선거 과정보다 훨씬 앞선다. 잠재적인 우군과 적군을 구별하려면 엄청난 준비가 필요한데, 이를 경시하면서 선거에 뛰어들 수 있다고 생각하는 것은 환상이다. 이 준비 작업이 이루어지지 않으면, 선거의 성공은 설령 학습과 선전으로서 유용하다고 하더라도 폭넓게 퍼져나갈 수 없을 것이다. 희생을 받아들일 마음가짐과 동기부여가 된 계급들이 배후에 없다면, 국가를 장악한들 무슨 소용이 있겠는가? 새로운 권력이 생산체제와의 투쟁 속에서 부과하는 것을 사람들이 거부한다면 말이다.

시스템을 버렸고, 국가와 결별했고 제도에 호소하기를 꺼려온 활동가들에게 그람시가 말하는 헤게모니를 쟁취하기 위한 준비를 갑자기 요구하는 것은 엉뚱해 보일지 모른다! 생산의 리듬에 맞춰 나아가기를 계속한 이들은 이 활동가들을 "사회로부터 소외된" 자로 규정했다. 또한 그렇게 비난받은 사람들 중에서 많은 수가 실제로 "주변인"이기를 자처했다. 하지만 도중에 어떤 이상한 것이 불시에 나타났다. 가장자리에 자리하는 것 같은 투쟁이 온통 모든 이의 생존을 위해 핵심적인 것이 되었다. 이는 이전의 각 주변인을 머지않아 많은 이와 더불어 **대규모**로 수행할 필요가 있을 전투의 벡터로 만드는 놀라운 반전이다. 여기에 정서 변화와 겹치는 방향 설정의 문제가 있다. 가장자리 — 옛 외곽, 사람들이 살아가는 수단으로서의 세계 — 가 모든 관심의 중심으로 변하도록 하려면 어떻게 할 것인가? 그리고 어떻게 **주변성**과 결부된 감정을 권력의 추구에 연결하면서 이 감정에 새로운 자격을 부여할 것인가?

녹색 계급의 성장은 사회사에서 예사롭지 않은 문제에 봉
착한다. 녹색 계급은 모든 면에서 대립하는 두 전선을 향
해 돌려세워져 있다. 녹색 계급은 한편으로는 오늘날 권
좌를 차지하고 있으며 이미 쇠퇴한 계급에 맞서 권력을
쟁취해야 하고, 다른 한편으로는 이 조직 전체를 바꾸어
야 한다. 물론 각 계급은 자신의 이해관계에 너무 불리하
다고 여겨지는 이전 계급의 행정조직을 해체하려 들기 마
련이다. 하지만 지금까지도 그렇지만 언제나 이는 결국
생산력을 다르게 배치하고 확대하고 재편성하거나 더 드
물게는 재화를 더 공정하게 나누는 것이었다. 레닌주의
자들은 아마 "국가의 몰락"을 바라는 동시에 생산력의 불
가피한 증대를 기대하기도 했다. 거기에는 뚜렷한 긴장이
존재하지 않았다. 생산에 대항하여 행사되고 따라서 스스
로 방향을 바꿔 옛 가장자리 쪽으로 나아갈 권력의 조직
을 어떻게 상상할 수 있을까?

옛 지배계급들은 단 하나의 지평, 계속 뒤로 물러나는 지평만을 손가락으로 가리킬 수 있었다. 반면 사람들이 사는 장소로서의 세계와 사람들이 살아가는 수단으로서의 세계를 맞대어 접합한다고 주장하자마자, 우리는 서로 대립하는 **두** 지평을 규정해야 한다. 적어도 두 전선에서 벌어지는 싸움의 **이미지**를 그려보는 것이 편리할 것이다. 가장자리가 가늘게 그려진 원을 상상하자. 처음에는 이 가장자리의 두께가 중요하지 않은 것 같다. 불분명하지만 논란의 여지가 없는 것으로 간주된다. 중심 쪽으로, 무한한 생산 쪽으로 관심이 향한다. 그리고 나서 이 가장자리는 점차 가늘어져서 사라질 지경이 된다. 그 결과 "주변인들"은 가장자리를 향해 돌아가고 점점 더 많은 사람들이 그 뒤를 따른다. 자원이었고 **추출되기**를 요구했던 것이 가장 큰 배려의 대상으로 바뀐다. 가장자리가 바로 관심 전체의 **중심**이 되는 것이다. 옛 가장자리가 중심, 옛 중심, 가장자리를 없애버리겠다고 닦아세우는 중심을 위협하고 말살하고 저지하기 시작할 정도로 점점 더 두꺼워지고 얽히고 무게가 실리고 다시 북적인다! 바로 이것이 각자 다른 것을 위협하는 두 지평, 역사의 두 방향이다. 당신이 고집스럽게 가운데 쪽으로 계속 나아가면 가장자리가 거기에 맞설 것이고, 반대로 당신이 가장자리를 확대하고 복잡하게 만들기 위해 모든 것을 하면 가운데가 거기에 맞설 것이다.[24]

[61]

녹색 계급이 사람들이 살아가는 세계와 그들의 삶을 지탱하는 세계를 일치시키려고 시도하자마자, 국경과 국민국가에 고유한 땅의 점유 유형, 그리고 또 지구정치, 무역, 국제법의 문제가 각 주체에게 다시 제기된다. 이로 말미암아 권력을 추구하는 것이 여전히 복잡해진다. 현재의 국가가 지배계급이 독점권을 행사할 수 있게 하고 우

---

[24] 이와 같은 양자택일에서 어떤 분기점, 가운데와 가장자리로 갈리지는 지점을 상상해볼 수 있다. 대부분의 사람들은 여기에서 어느 한 쪽의 행로로 접어들게 마련이다. 그런데 이 메모의 저자들은 어느 쪽으로도 나아가지 않고 오히려 양쪽에 전선을 형성하고자 한다. 그리하여 독자에게 녹색 계급을 위한 제3의 길이 무엇인지 모색하는 계기를 제공한다.

선 근대화를, 다음으로 글로벌화를 수행하게 해주었다는 것은 주지의 사실이다. 국가는 결코 새로운 녹색 계급의 필요를 위해 설계된 것이 아니다. 국민국가의 부적합성은 녹색 계급을 특정한 영토에 등록시키거나 계급의 인력을 양성하거나 정부의 책무를 규정하는 정치적 제안들을 만들 때 분명히 드러난다. 게다가 사람들이 살아가는 수단으로서의 세계를 사람들이 사는 장소로서의 세계에 내포된 **논리에 따라** 고려하는 입장은 새로운 관계를 요구한다. 이 새로운 관계는 국민국가에서 권력이 갖는 **독점권**(경찰, 세금, 군대)과 "국권"이라는 단어의 의미를 전통적으로 규정하는 내부와 외부 사이의 구별 및 연관과 **일치하지 않는다**. 이 두 세계 사이의 근본적인 단절은 당연히 완화되어야 하는데도, 국민국가는 이 단절을 **허용한다**. 국가의 역할이 다르므로, 녹색 계급이 실행하려고 애쓰는 "대외" 관계와 "국내" 정치 사이의 새로운 배치처럼, 국가가 맡는 독점권의 규정도 역시 다르다.

권력을 쟁취하기, 하지만 어떤 권력을?

국민국가의 구획과 포장(鋪裝)에 의해 두 세계를 다시 이을 수 있다는 입장과 정면으로 맞서는 지구 파악의 방식이 마련된 만큼, 녹색 계급은 틀림없이 **전 지구적인 것** 자체에 관한, 뒤이어 국가의 기능에 관한 논쟁으로 접어들게 되어 있다. 그것도, 옛 "초국가적" 또는 "국가 간" 관계의 재개를 상상할 수 없는 가운데, 발전과 글로벌화에 근거를 둔 "국제 질서"의 해체가 우리의 눈앞에서 가속화되고 있기 때문에 더욱더 그렇게 되기 마련이다. 지금으로서는 녹색 계급이 정치적 제안 때문에 사회로부터 소외되어 있다. 그렇지만 이러한 국제 질서의 개조 및 "점령 대지" 재분배의 문제에 관해 녹색 계급은 역사의 그 방향 또는 더 낫게는 그 방향들을 합법적으로 규정할 것이다. 자유주의와 사회주의처럼, 그러나 전혀 다른 관점에서, **보편성**의 문제를 다시 다루고 다양한 권력 형태를 어떻게 **상호의존적이게** 만들 것인가를 탐구한다. 그러면서도 상호 침해하는 영역들의 중첩에 토대를 두고 있으므로, 또한 서로를 억누를 수 있는 두 방향 사이에 붙들려 있으므로, 근대 국가로부터 이어받은 구획이 부과한 고전적인 장벽들 중의 어떤 것도 존중할 수 없다. 녹색 계급이 이제부터 애써 나타내야 하는 공간은 체스판과 유사하다기보다는 오히려 어릿광대의 옷[25]과 비슷하다.

[63]

권력의 이 독점권 형태는 정치적 전통과 다르다. 그러므로 쇄신할 필요가 있다. 그럴지라도 녹색 계급은 이 독점권을 쟁취하는 방향으로 나아가야 한다. 그렇지 않으면 무기력 상태로 떨어질 것이다. 녹색 계급의 관점에서는 모든 주제가 **지구정치**에 속하고 각 주제는 국가가 점령한 대지의 재분할을 요구한다. 이로부터 녹색 계급은 권력을 추구하기 어렵다는 특별한 난점이 생겨난다. 물론 녹색 계급은 국가 장치를 차지하고자 한다. 하지만 국가 장치의 권력이 행사될 영토의 형태처럼 국가 장치의 기능

25   여러 색깔의 헝겊조각들을 이어붙인 알록달록한 외투. 흔히 다양성이나 복잡성 또는 복잡계의 표상으로 사용된다. 이에 비하면 체스판은 두 가지 색, 흰색과 검은색 정사각형들로 구획되어 있어서 상대적으로 덜 다양하고 덜 복잡하다.

권력을 쟁취하기, 하지만 어떤 권력을?

과 작동 방식도 다르게 규정되도록 자신의 둘레를 변경하려다 이 난점을 초래한다. 달리 말해서 녹색 계급은 자신의 주변성을 고집하고 현재의 국가들에서 찾아볼 수 있는 제도 및 작동방식이 자신과 무관하다고 주장하는데, 그러면서 정치를 명확하게 규정한다고 주장할 수는 없는 것이다. 녹색 계급은 각 단계마다 정치의 모든 기능을 차지해야 한다.

[64]

외부와 내부 사이의 관계가 뒤집힐 뿐만 아니라, 지역적인 것에서 글로벌한 것으로 넘어가게 해주는 고전적 계량법의 관례가 모든 의미를 상실했다. 이 지도 작성의 모델은 생산과 함께 발생하고 생산을 위해 발전한다. 모든 관계를 구조화하는 생산의 필요에 의해, **"확장 가능한가?"** 라는 불가피한 물음에 의해 강요되는 것은 바로 이 가공할 층위의 변화이다. 그러나 생성의 실제는 다른 방향으로 움직이고 상황의 수만큼 많은 측정 수단을 요구한다. 그러므로 애나 칭(Anna Tsing)이 "확장성"이라 부르는 것에 맞서는 투쟁이 핵심적이게 된다. 생태학은 지역적이지도 글로벌하지도 않다. 생태학은 모든 층위에 자리한다. 그리고 생태학의 계량법은 각 연구 대상과 각 논쟁 주제에 따라 바뀐다. 생태학이 지역주의 또는 역으로 사회나 자연을 "하나의 전체로" 사유하는 옛 방식에 따라 "일반성으로 올라갈" 노골적인 의무 때문에 계속해서 마비되어 있을 수는 없다. 집단을 **구성하고** "전체"를 형성하는 자기 자신의 방식을 발전시켜야 한다.

[65]

다행히도 유럽이 있다. 이 넓은 "거시기"에서는 관료주의의 모든 병폐에도 불구하고 희망의 원천 아니면 적어도 녹색 계급이 연루되어 있는 지구정치상의 모든 새로운 갈등에 관한 실험을 감지할 수 있다. 초국가적인 것, 다음으로 국제적인 것을 연속적으로 시도했고 그렇다고 해서 국내적인 것이 아닌 이 대국(大國)에 기댈 수 있다는 것은 막대한 이점이다. 브뤼셀에 있는 행정의 중심을 제국의 수도로 간주하지 않는 한, **장소**조차 없는 불확실한 대국! 이미 옛날식의 국가로부터 완전히 멀어진 통합된 유럽은 충분히 감칠맛 나게 분열되어 있다. 그래서 구성 요소들을 조각조각 재분배할 수 있다. 이 구성 요소들은 새로운 권력 형태들이 다른 방식으로 조합하게 되어 있다. 농업, 물, 오염물질, 압력단체, 도로, 철도, 모든 것이 유럽을 거치지만 매번 많은 부분으로 나뉜 주제들이 어떤 국가도 이것들을 **자기 것**이라고 선언할 수 없는 그러한 방식으로 교섭되고 논의되고 뒤섞이고 파묻힌다. 따라서 이제는 정말로 대외적인 일도 없고 정말로 국내적인 일도 없다. 통합된 유럽은 녹색 계급에게 실제 상황에서의 실험 사례이다. 이 사례에서는 국가의 안과 밖이 재배치되기 때문에 미래에 다른 계급들을 선도할 수 있을 주축계급의 역할을 녹색 계급이 맡게 될 것이다. 때때로 사람들은 통합된 유럽만큼 생태학도 동일한 경멸의 대상으로 치부한다. 그 이유는 바로 생태학과 통합된 유럽이 자신들보다 더 잘한다고 주장하는 이들보다 **더 합리적**이라는 데, 이 우월한 합리성을 떳떳이 요구한다는 조건에서 그렇다는 데 있다.

녹색 계급의 출현

공적 공간의 공백을
아래쪽으로부터 채우기

슬프게도 녹색 계급은 정치적 삶이 가장 을씨년스러운 순간에조차 자기의식의 노력을 기울인다. 옛 정당들의 붕괴와 국가의 계속적인 탈장(脫腸) 때문만이 아니라, **정치적인 것** 자체, 즉 태도, 습관, 정서, 분석의 이 복잡한 혼합물, 오랜 세월에 걸쳐 획득된 것으로서 서로 뒤섞이고 소모되고 마찰되는 이 기이한 방식이 사라지고 있는 중이기 때문이기도 하다. 우리가 정치적 활력의 대대적인 확산을 필요로 할 바로 그 순간에, 정치적 활력은 보존되지 않은 탓으로 결여되어 있다. 두 현상이 연결되지 않는 한 이는 불가피한데, 그것들은 정치를 공허하게 만드는 것으로서, 하나는 30년 전부터 신기후체제가 모든 이익 분석, 모든 계급 관계, 모든 정동을 점점 더 큰 무게로 짓누른다는 점이고, 다른 하나는 그런데도 이것의 엄청난 결과를 걸러내기 위한 어떤 조치도 취해지지 않았다는 점이다. 이로부터 공적 공간의 끔찍한 공백이 생겨난다. 녹색 계급은 이 공백을 가득 채우기를 갈망한다.

하지만 녹색 계급은 **아래쪽으로부터**, 다시 말해서 주민들이 낡은 우주론에서 아직 탐구하기를 배우지 못한 새로운 우주론으로 내몰리는 물질세계의 **묘사**를 통해 그것을 재검토한다는 조건으로 공적 공간의 공백을 메우고자 한다. 녹색 계급이 **유물론**의 전통을 계승하는 것은 바로 이 점에서이다. 정치과정의 연쇄 전체를 거꾸로 되짚어보자. 투표하기 위해서는 **정당**이 필요하다. 정당이 있으려면 **불만**이 여러 종류의 프로그램으로 모이고 구체적으로 표현되고 안정적으로 유지되어야 한다. 불만이 있으려면 각자 잠재적인 우군과 적군의 전선을 그리게 되는 자신의 이익을 규정할 수 있어야 한다. 하지만 당신이 처해 있는 구체적인 상황을 충분히 상세하게 묘사할 수 없다면 어떻게 이익을 획득할 것인가? **무엇에 의존하는지** 모른다면 무엇을 **지켜야** 하는지 어떻게 알 것인가? 그런데 빠르고 폭넓은 변동이 진행 중이기 때문에 이 첫 단계가 어그러진다. 그 결과로 나머지가 뒤따르지 않는다. 그러므로 바로 이 뿌리에서, **풀뿌리**에서 시작해야 한다.

이익, 갈등, 혼란을 검증하고 논증할 수 있는 공유된 감정이 없다. 그래서 이제 사람들이 정확히 "시민"이라고 부를 엄두도 내지 못하는 참여자들에게는 특히 서글픈 정념 속으로, 즉 **한탄**과 **불평** 속으로 굴러떨어지는 일만 남아 있다. 가장 실망스러운 것은 이 한탄의 대상이 한탄하는 사람들을 만족시킬 수 있을 신비로운 실체라는 점이다. 하지만 슬프게도 이 신화적인 주체는 옛 계급들을 위해 모습을 드러냈으나 오늘날에는 **유령**이 되어버린 케케묵은 국가이다. 어떤 사람들은 아래쪽에서 자신들이 어디에 있고 자신들의 적이 어떤지 정확히 알지 못해서 더 이상 하소연할 줄 모른다. 다른 사람들은 위쪽에서 자신들에게 요구되는 것에 귀를 기울일 능력이 없고 계속해서 예전 근대화 국가의 무뎌진 수단으로 대응한다. 언어장애인들이 청각장애인들에게 말하는 셈이다. 더구나 매 주기마다 상황이 나빠지고 있다. 언어장애인들이 점점 더 격노한다. 아무도 자신들의 말을 듣지 않는다는 것이다. 청각장애인들도 그렇다. 아무도 자신들의 해결책을 적절하게 받아들이지 않는다는 것이다. 공적 공간이 참을 수 없을 정도로 과격해졌다는 인상은 이로부터 연유한다. 사람들이 아무리 사회관계망을 비난하고 "몰상식의 확산"을 한탄할 것이라 해도 위기는 훨씬 더 심각하다. 재건의 국가, 근대화의 국가, 글로벌화의 (몹시 뒤흔들리는) 국가는 있었으나 **생태화의 국가**는 없다. 어느 공무원도 어느 선출된 인사도 어떻게 **성장**에서 **번영**으로, 성장과 결합된 비참에서 번영과 결합된 희생으로 넘어갈 것인지 말할 줄 모를 것이다.

[69]

이익의 규정이 지금까지는 경제적 지배에 의해 한정되었으나 앞으로는 우주론의 진행 중인 변화를 통해 자유롭게 이루어질 수 있다. 영토, 영토의 구성요소와 공생자(共生者), 생성의 실제를 허용하는 것을 다르게 규정하라, 그러면 당신이 거주하는 땅의 형태처럼 이익의 규정도 변한다. 무엇이 당신을 지탱하는지 느끼기 위해 나아가야 하는 한, 당신의 영토는 **당신이 의존하는 것**이다. 그래서 실제 상황의 강도 높은 **묘사**[26] 작업은 스스로 역사의 방향을

공적 공간의 공백을 아래쪽으로부터 채우기

규정할 수 있다고 자부할 계급의 출현에 앞서 필수적인 단계를 형성한다. 생활조건의 묘사는 무엇보다도 **자기묘사**이다. 이를 통해 당신이 사는 장소로서의 세계와 당신이 살아가는 수단으로서의 세계 사이에서 찾아볼 수 있는 혼미 상태가 드러난다. 따라서 당신은 누구인가, 당신은 어느 영토에서, 어느 시대에, 어떤 지평을 향해 행동할 준비를 하는가가 다시 뚜렷해진다.

[70]

묘사한다는 것은 자신의 모습을 외부로부터 객관적으로 보는 것일 뿐만 아니라 자기묘사의 **동일한 시련**에 처해 있는 다른 사람들과 함께, 그리고 그들에게 맞서 자신의 위치와 방향을 정하는 것이기도 하다. 그러므로 이 공유된 묘사는 각자의 입장과 우주론의 교체에 연결된 정치적 정서의 엄청난 변화를 초래한다. 사람들이 생산 쪽으로 계속 나아가는 것과 거주가능 조건과 이것의 결과인

26   어떤 대상에 대한 경험적이고 귀납적인 검토나 조사를 의미한다.

번영을 유지하는 데 열중하는 것 사이의 많은 분할선(分割線)을 식별하기 시작하는 것은 오직 생성의 실제와 함께 상호의존 관계가 늘어날 때뿐이다. 이 점에서 자기묘사의 실행은 역사가 전개되는 지평을 확장하면서 생산에서 거주가능성의 유지 쪽으로 기우는 정치 상황의 **변모**, 따라서 행위자들의 상대적인 합리성을 수반한다. 그들이 스스로를 묘사할수록 더 많은 하소연이 다른 사람들에게 더 잘 들리게 된다. 이 총괄적인 묘사는 갑각류, 해초, 산호, 물고기를 증식하기 위해 설치하는(그러나 오히려 해를 끼치는) 그 콘크리트 덩어리나 약간은 마찬가지이다. 정치적인 것이 돌아온다. 언어장애인들과 청각장애인들 사이의 큰 차이가 그만큼 줄어든다. 이는 매우 빨리 진행될지 모른다.

[71]

새로운 조사 방법의 이 모든 주제가 가장 필요한 바로 그 순간에, 또다시 운이 없어서 대학은 망가지고 연구 체계는 희생되고 교육은 멸시되었다. 그런데 녹색 계급은 이러한 붕괴에 맞는 연구 방식을 필요로 한다. 여전히 대학은 홈볼트(Humboldt)의 대학, 돌출한 선두가 있는 근대화 운동의 풍자화, 이득처럼 양민(良民)에게까지 **스며든다**고 추정되는 "기본적인 연구"의 전위이다. 그런데 시대는 정반대를 요구한다. 우리는 우리의 행동에 반응하는 땅에 거주한다는 것의 의미를 너무나 모르기 때문에 **훨씬 더** 기본적인 연구를 **훨씬 더** 많이 해야 한다. 하지만 이 기본적인 연구는 새로운 생활조건을 탐색할 때 도움이 필요한 모든 이에게 의지(依支)가 되어야 한다. 이러한 연구는 삼투의 모델과 동떨어진 것이다. 그것은 시련에 봉착해 있다. 미래의 혁신을 시도하고 규정해야 한다. 이 열악한 상황과 가장 강한 기본적인 연구의 요구를 접속시킬 필요가 있다. 발전 도식의 반전(反轉)은 인문학이나 자연과학 또는 잡종 과학에서의 연구에 대해서도 나머지 전체에 대해서도 유효하다. 까다로운 **과학정치** 기술(技術)의 중요성은 환경보호주의자들에게서 일반적으로 논의되지 않지만, 의심할 여지없이 확실하다.

존 듀이(John Dewey)가 가르치듯이, "국가는 언제나 새로운 가치를 부여해야 할 대상"이지만, 국가보다 앞서는, 국가를 가르치고 이끄는 **인민, 대중**이 언제나 필요하다. 국가는 인민의 쉽게 부패할 수 있는 임시 대표일 뿐이다. 이러한 인민은 녹색 계급이 새로운 주축계급의 역할을 한다면 기꺼이 대표해야 할 대상이다. 지금까지 다른 계급들은 근대화의 길 위에서 지도층을 따르도록 권유받았고, 근대화의 혜택을 함께하거나 근대화의 떡고물을 얻어먹는다고 추정되었다. 문제는 바로 이 계급들의 이익이 녹색 계급의 이익과 일치하는가를 아는 것이다. 지금까지 녹색 계급은 다른 계급들에게서 찾아볼 수 있는 **현재의** 근심, 욕망, 습관, 관심과 보조를 맞추는 생산에 맞서 투쟁을 벌일 줄 몰랐다. 그렇지만 체제를 바꾸기 위해 머지않아 거쳐야 할 막대한 희생을 감수하기 위해서는 이 계급들의 지지가 필수불가결하다. 당신이 세계적 유행병을 겪어내기 힘들다고 생각한다면, 누구나 보건만큼 집착하는 문제들에서 백배나 더 강제적인 조치를 취해야 할 상황을 생각해보라. 또한 그러한 조치를 막연히 합법적으로 강제

할 국가는 말할 것도 없이 제안할 국가조차 없는 상황을
생각해보라.

[73]

겉보기와는 다르게 녹색 계급은 옛 지도층이 부과한 위
계에 저항하려고 애쓴다. 옛 지도층에게는 전위가 있었
고 후위가 있었다. 옛 지도층은 모든 계급에게 동일한 방
향으로 일제히 발전하기를 촉구했다. 모든 계급이 수락
할 수 있을 배치를 제안한다고 추정되었다. 그러나 새로
운 계급투쟁은 이 질서를 깨뜨렸다. **감싸는** 방향으로 나
아가기 위해서는 **키우는 것**과 전혀 다른 지도(地圖)가 요
구된다. 녹색 계급은 옛 후위를 완전히 다르게 규정한다.
또다시 폴라니를 원용하건대 사회는 경제화에 늘 **저항**했
다. 그리고 언제나 최초로 저항하는 계급은 "서민계급"이
라 불리는 이들이었다. 바로 이 계급이 파괴 체계의 결과
에 정면으로 맞닥뜨린다는 것을 잊지 말자. 녹색 계급은
"학위가 있는 보보"[27]의 관심사이기는커녕 인간학적 굴레
를 근절한다고 주장하는 경제화의 난센스에 매우 오래전

부터 저항해온 문화와 다시 관계를 맺을 따름이다. 예전
의 후위에서 녹색 계급이 알아보는 이들은 거주가능성 문
제를 해결하고자 하는 의지의 측면에서 전(前)지도층보다
훨씬 더 잘 준비되어 있다. 게다가 예전의 주변인들에 **훨
씬 더 가깝다**. 녹색 계급을 잠재적으로가 아니라 **실제로**
다수파이게 하는 것은 바로 이 큰 변화이다. 환경보호주
의자들은 다른 계급들을 자기 쪽으로 끌어당기지 않는다.
반대로 다른 계급들과 마침내 합류한다.

[74]

바로 이 지점에서 갈등들, 즉 옛날식으로 규정된 계급들
사이의 갈등, 그리고 전통적인 계급들과 정치생태학이 우
군을 찾아 매기는 **분류 결과들**의 재배치 사이에서 **제2열**
의 갈등이 일어난다. 생태학적 주제들이 넘쳐날 때에는

---

27   보보는(bourgeois-bohème)의 줄임말로서 보보스라고도 한다. 미국 저널리
      스트 데이비드 브룩스가 『낙원에서의 보보스』(2000년)라는 책에서 부르
      주아 생활방식과 보헤미안적 대항문화를 지향하는 유복한 도시민을 가리
      키기 위해 고안한 용어이다. 그들은 대체로 학력이 높다.

III

공적 공간의 공백을 아래쪽으로부터 채우기

계급 귀속의 관점에서 모두에 대립하는 사람들이 자기 "계급의 적"과 가까운 처지에 놓이고 역으로 친구들이 악착스러운 적들로 변한다. 하지만 정치적인 것은 절차, 웹사이트, 장소, 기회를 창출함으로써 이것들을 서로 부대끼도록 허용하여 새로운 묘사 작업을 사회적 세계의 의례적인 시각에서 더 분명하고 더 현실주의적인 해석으로 넘어가도록 해준다. 이와 같은 정치적인 것의 작용이 없다면 바로 위에서 말한 제휴의 변화는 일어날 수 없다. 우군과 적군에 관한 지도제작법을 완전히 변화시키는 데에는, 적합한 방식을 발견하기만 한다면, 그다지 많은 시간이 필요하지 않다. 녹색 계급이 주축계급의 역할을 맡게 될, 진행 중인 재배치의 성공과 실패를 최종적으로 결정하게 되는 것은 바로 이러한 방식의 창안이다.

[75]

다만 우리는 짙은 안개 속에서 녹색 계급의 출현을 가늠해 볼 수 있다. 그렇기 때문에 사회 및 문화 계급들의 역사를 들여다보든지, 정치를 규정하기 위한 자신의 싸움을 부르주아 계급이 근대적 이성의 전령인 것으로 보였던 시대에 부르주아 계급이 벌인 싸움과 비교하면서 문명 과정에서 착상을 얻든지 하면서 유사한 사례들을 찾아보는 것이 유용하다. 물론 모든 것이 다르게 진행되리라는 것은 자명하다. 그래서 뜻밖의 기회를 포착할 준비가 되어 있어야 한다.

[76]

그 유명한 계급의식[28]이 생기게끔 공동으로 살펴보아야 할 모든 사항의 목록을 작성하고 나면, 매우 다양한 주제들에 관해 바꿔야 할 것이 그토록 많은 녹색 계급은 현재의 지도층과 언젠가 경쟁할 어떤 기회도 없다는 실망스러운 결론을 끌어낼 수 있을지도 모른다. 녹색 계급에게는 시간이 없기 때문에 그만큼 더 그럴 수 있다. 하지만 다른

---

28 마르크스주의 이론에서 계급투쟁의 주춧돌이 되는 개념으로서 본래는 프롤레타리아의 계급의식을 지칭하는 것이었으나 일반적으로는 고립, 연대, 목표 등에 대한 공동의 감정에 기인하는 특정한 사회 계급의 자기의식을 의미한다.

공적 공간의 공백을 아래쪽으로부터 채우기

한편으로는 자신들이 세계를 바꿨다는 것, 자신들이 다른 지구에 거주한다는 것을 사람들이 마음속 깊이 이해했으므로 아마도 모든 것이 이미 무대 위에 올라와 있을 것이다. 경우에 따라 다르겠지만, 폴 벤느(Paul Veyne)가 강조했듯이 거대한 전복은 침대에서 돌아눕는 움직임만큼이나 간단하다...

녹색 계급의 출현

만국의 '녹색 계급'이여,
단결하라!

오늘날 지구는 기후변화, 온난화, 오염 등으로 몸살을 앓고 있다. 아니 깊이 병들어가고 있다. 이는 누구나 아는 사실이다. 이와 관련하여 많은 책, 언론 보도, 협약, 정책이 쏟아지고 있기도 하다. 하지만 어찌된 영문인지 일반인의 생각이나 행동이 지구를 구해야겠다는 쪽으로 전환되기는커녕 환경 파괴의 주범인 생산과 발전의 논리 쪽으로 더 심하게 기울어지는 것 같다. 자연환경의 파괴가 여전히 가속화되고 있다. 이로 미루어 자연보호니 이산화탄소 규제니 탈원전이니 하는 발언은 오히려 기존 질서를 지속시키고 싶어 하는 속마음을 달래거나 속이는 기만적인 헛구호나 위선적인 몸짓에 지나지 않는 것으로 보인다. 지구의 형편이 거의 죽을 지경인데도, 이에 따라 지구인들뿐 아니라 지구생활자, 지구에서 살아가는 모든 생명체(예컨대 갑자기 자취를 감춘 꿀벌)에게 환경 재앙으로 인한

질병과 실종 그리고 죽음의 암울한 그림자가 드리워진지 오래인데도, 이를 막기 위한 투쟁으로의 대대적인 동원은 아직 이루어지지 않고 있다. 이는 '기묘한 또는 가짜' 혁명적 상황이라 하지 않을 수 없다.

17세기에 "그래도 지구는 돈다"는 갈릴레이의 말과 함께 지구가 움직이기 시작했다. 오늘날에는 인간의 활동에 의해 초래된 생태계 균형의 교란으로 인해 지구가 요동치고 있다. 어떻게 보면 오늘날의 상황은 지동설이 출현한 17세기의 상황과 유사하면서도 다르다. 17세기에 비로소 지구는 허울뿐인 중심에서 벗어나 제자리를 찾아가게 되었고 이에 따라 우주와 사회의 영역에 근본적인 변화가 일었다. 가히 혁명적 상황이었다고 말할 수 있다. 하지만 당시에 지구는 주체로 발돋움하기는커녕 그저 이용의 대상으로 전락했다. 인간이 세계의 중심을 차지하면서 자연이란 이름의 지구는 주변으로 밀려났던 것이다. 이러한 경향은 오늘날까지 지속되고 있다. 가령 환경이란 용어만 하더라도 지구의 주체화와 거리가 멀다. 인간이 중심에 있고 나머지는 주변에 있음을 함축하는 말, 인간이 주인이고 소유자라는 인간중심주의적인 말이기 때문이다. 그러나 오늘날에는 지구가 갑작스럽게 완전한 권리를

녹색 계급의 출현

지닌 대등한 주체로 등장하는 중이다. 이는 지구가 수많은 상처를 입어 그 폐해가 인간 자신에게도 미치기 때문이다. 지구는 마치 당하면 당할수록 더욱더 관심의 대상이 되고 주체로 떠오르는 듯하다. 인간과 지구 사이의 폭력관계가 지구를 주체화하기는 하지만 지구가 당한 폭력이 너무 심해서, 인간과 지구가 긴급하게 화해하지 않으면, 따라서 혁명적 변화가 일어나지 않으면, 파국이 올 수밖에 없을 것 같다.

　　루소의 사회 계약은 어느 한 사람도 서명하지 않은 계약이다. 인간과 인간 사이에서 일반적으로 맺어진 선험적 조건이다. 이제는 모든 이가 권리 주체이다. 물론 사람들 사이의 경제적, 사회적, 정치적, 문화적 불평등이 잔존하긴 하지만 그래도 모든 이가 온갖 계약의 주체라는 사실은 부인할 수 없다. 그런데 미셸 세르는『자연 계약』(1990년 초판, 2018년 재판)에서 인간과 인간 사이에서처럼 인간과 세계 사이에도 폭력 관계를 청산할 화해의 계약이 맺어져야 한다고 주장한다. 그렇게 되려면 사전에 세계를, 자연을, 지구를 계약 당사자로, 계약의 주체로 인정해야 한다. 지금은 인간 활동의 부정적인 영향으로 병든 상태지만, 오히려 병들었기에 세계-자연-지구가 주체로,

적어도 인간의 관심 대상으로 떠오르고 있는 상황이라는 점을 고려할 때, 미셸 세르의 이 책이 30년 후에 재출간된 것은 상당히 시의적절하다고 말할 수 있다.

동물은 배설물로 자기 영역을 표시한다. 더러운 것으로 점유와 배제의 경계선을 그림으로써 일정한 장소를 자기 것으로 하는 자연스러운 행동이다. 서식지의 표시는 자연권이다. 이처럼 오염과 소유 사이에는 깊은 관련이 있는 것으로 보인다. 고유한 것, 깨끗한 것은 더러운 것과 떼려야 뗄 수 없는 것이다. 여기에 소유권의 기원이 있다. 소유는 오염을 증가시킨다. 소유의 극대화를 추구하는 것이 시장경제이다. 따라서 시장은 오염을 확산시킨다. 시장의 법칙을 규제하지 않고 내버려 두면 둘수록 오염은 증가한다. 그러므로 오염을 줄이려면 소유를 제한하고 시장을 규제해야 한다. 인간이 개입하지 않고 그냥 내버려둘 공유재산의 최대화가 필요하다. 하지만 이는 극심한 반대에 부딪히게 마련이다. 그렇게 하면 뒤처져서 못사는 꼴이 되리라는 불안이 상존한다. 그렇기 때문에 결코 사적 소유를 없앨 수는 없다.

일례로 오염자 부담 원칙을 살펴보면 이것이 시답잖은 동어반복이라는 것을 금방 알아차릴 수 있다. 정유사나 항공사는 대지와 대기를 일정한 값을 치르고 전유하고는 대지와 대기를 계속해서 오염시킨다. 그래서 이 원칙은 오염자 오염 원칙을 의미할 뿐이다. 그렇다고 해서 석유회사와 항공사를 없앨 수 있을까? 그러므로 대지와 대기의 입장에서 뭔가 획기적인 인식의 전환, 미셸 세르의 말처럼 "우리에게 의존하고 있는 것에 우리가 의존하고 있다"는 인식, 의존성의 자각이 필요하다. 이 의식화로부터 시작하여 세계-자연-지구가 권리 주체로서 참여하는 유토피아(코스모크라시)의 관념, 다른 생명체들도 인간과 함께 지구에 거주하면서 집으로서의 지구를 만들어왔다는 것을 인정하는 공생 계약의 정신이 사람들 사이에 널리 퍼져야 한다. 이것이 미셸 세르의 핵심적인 주장이다.

'비인간'을 적극적으로 끌어안음으로써 독특한 정치생태학적 사유를 펼쳐 보이는 브뤼노 라투르는 이러한 자연 계약의 취지를 이어받아 정치생태학적 사유의 아이콘이 된 철학자, 인류학자, 사회학자이다. 기후 위기에 관한 그의 저서들은 단순히 이론의 차원에 머무르지 않고 적극적으로 실천을 지향한다. 이러한 지향으로 말미암아 그는 군사적 대결의 은유를 즐겨 사용한다. 그에 대해 척후병 또는 정찰병이라는 평판이 들려온다. 하지만 그 자신

은 뜻밖에 이를 부인한다. 자신의 뒤에 군대가 없다는 것
이다. 이 말에서 정치생태학적 사유의 행로가 외롭고 험
난한 전위의 길임을 읽어낼 수 있다. 또한 그가 철저하게
현실주의적임을 짐작할 수 있다. 실제로 그의 말과 글에
서는 상황을 이해하려면 토대 쪽으로가 아니라 세부(디테
일) 쪽으로, 사물들을 서로 연결하는 갖가지 지점을 관찰
하고 묘사하는 쪽으로 나아가야 한다는 확신이 느껴진다.
그에게 철학은 구체적인 것(구체성)의 학문인 것이다. 그
가 생각하는 구체적인 것은 우리가 과학과 함께, 바이러
스와 함께, 기후 문제와 함께 거주하는 장소로서의 지구
(사람들이 살아가는 수단으로서의 지구와 대립한다)에서 우리가
생활하는 극히 작은 일부분의 공간과 이 공간에서 우리가
일상적으로 마주치는 사물이다.

　　브뤼노 라투르는 기본적으로 인간이 자연을 소유할
수 없다고 주장한다. 물론 데카르트 이래로 인간이 자연
안에 있다는 것은 새롭지 않다. 새로움은 지구가 인간 이
외의 생명체를 포함하는 지구생활자를 통해 인간의 행동
에 반응한다는 데 있다. 그에 의하면 생명체들은 지구를
변화시킨다. 이 과정의 불안정하고 복잡한 체계를 제임스
러브록은 '가이아'로 명명했다. 그래서 사람들은 그가 단

일한 유기체, 자동온도조절기, 신의 섭리에 관해 말한다고 생각했다. 하지만 이것만큼 러브록의 의도와 동떨어진 것도 없다. 가이아는 지구라는 천체가 아니다. 어머니-대지도 아니다. 이교의 여신도 아니다. 17세기 이래 사람들이 상상하는 그러한 자연도 아니다. 얼마 전까지만 해도 자연은 우리의 행동이 펼쳐지는 무대의 배경이었다. 그런데 인류 역사의 예기치 못한 영향 때문에, 우리가 자연이라는 이름 아래 통합한 것들이 배경을 떠나 무대에 오른다. 대기, 대양, 빙하, 기후, 땅 등 우리들 인간의 활동으로 인해 불안정해진 모든 것이 역사의 무대 위에서 우리와 상호작용하기 시작한다. 라투르에 의하면 이때부터 우리는 지구 역사로 들어선다. 인류세(人類世)의 시대가 시작된 것이다. 이에 따라 옛 자연은 사라진다. 옛 자연의 자리를 차지하는 존재는 결코 안정되고 안심시키는 것이 아니다. 그렇기는커녕 영속적으로 뒤흔들리는 반작용들의 고리로 구성된 것처럼 보인다. 이것에 가장 잘 부합하는 이름이 바로 가이아인 것이다.

인류세에 즈음하여 라투르는 어떤 전쟁 상태, 정치적 전쟁, 전쟁으로 여겨지지 않는 전쟁, '기묘한 또는 가짜' 전쟁을 상정한다. 이 전쟁에서 지구를 편들어, 구체적으로 말하자면 기름을 뒤집어쓴 바닷새, 비쩍 마른 북극곰, 벌목이 자행되는 열대우림, 사라져가는 갯벌, 방사선에 오염된 물고기 등등을 대변하여 환경 파괴의 파국을 막을 사람들의 점진적인 동원이 필요하다고 역설한다. 상황을 근본적으로 변화시키기 위해 무엇을 해야 하는가라는 물음에 그는 '녹색 계급'(녹색 계급으로 번역한 말은 본래 생태 계급, 환경 친화 또는 자연보호 계급을 의미한다. 그런데 영어 판본에서는 녹색이라는 용어를 사용했다. 누구에게나 쉽게 와 닿는 이 색깔의 상징적 의미를 살리기 위해 '녹색 계급'으로 옮겼다)의 출현으로 대답한다. 그에 의하면 녹색 계급은 이미 잠재적으로 다수파인데도 대대적으로 조직되거나 동원되지 않는다. 그저 환경운동가들이 산발적으로 투쟁에 나서고 있을 뿐이다. 그러나 이러한 열악한 상황 속에서 오히려 라투르는 녹색 계급의 출현에 대한 기대를 품는다. 지구생활자들이 처한 비극적 상황을 대반전시키려는 열망과 파국을 연기할 수 있으리라는 낙관적인 전망이 그의 저서를 가로지른다.

누가 녹색 계급인가? 대다수가 녹색 계급에 속하기도 하고 속하지 않기도 한다. 지구의 거주가능 조건이 나날이 악화되는 상황은 너무나 긴급한 인류 공통의 문제이기 때문에 웬만하면 누구나 이에 대해 걱정한다. 하지만 온난화로 인한 빙하와 아마존 삼림의 사라짐, 그리고 환경호르몬이나 미세플라스틱 문제 같은 구체적인 현안에 대해서는 그렇게 긴급한 것으로 간주하지 않고 지금까지와 마찬가지로 행동한다. 근심의 대상이긴 하지만 먼 나중의 문제라고들 생각하는 탓이다. 이 어정쩡한 상황을 라투르는 공저자인 코펜하겐 대학의 박사과정생 니콜라이 슐츠와 함께 마르크스의 『공산당 선언』을 원용하여 "하나의 유령이 유럽에 떠돌고 있다. 생태주의라는 유령이!"라는 말로 규정한다. 한낱 유령일 뿐인 것에 대해 기득권층은 위협을 느낀 걸까? 아무튼 기후 문제로 인해 뭔가 커다란 반전이 일어날 것 같기는 하다. 이 점에서 『녹색 계급의 출현』(원제는 '새로운 녹색(생태) 계급에 관한 메모'이다)은 일종의 '녹색 계급 선언'이다. 다른 생명체들의 입장을 대변하는 사람들의 미지근한 입장을 급진적인 것으로 바꾸자는, 이를 위해 젊은 세대와 지식인층 그리고 종교계 등과 연대해서 지지자를 규합하자는 것이다.

녹색 계급은 지구사회 계급이다. 여기에는 인간 이외의 다른 생명체가 적어도 암묵적으로 포함된다. 물론 다른 생명체들은 투표권이 없다. 그러므로 녹색 계급이 이들을 대표해야 한다. 여기에는 환경에 대한 관심을 기반으로 새로운 사회 계급이 다수파로 떠오를 것이라는 기대가 전제되어 있다. 자연환경의 위기가 정치 담론의 중심을 차지하는 시대가 곧 도래할 것이므로, 녹색 계급은 정치 풍경을 더 지속가능한 미래 쪽으로 이동시키는 문제를 제기하리라는 것이다. 하지만 이는 결코 만만한 일이 아니다. 물론 환경은 일반적인 주제이다. 그렇다고 해서 그 자체로 정치 영역으로 들어오는 것은 아니다. 날이면 날마다 정치적 이슈가 되는 것도 아니다. 그러므로『녹색 계급의 출현』을 쓴 의도는 생태학을 정치 조직력으로 개념화하고 이를 통해 구체적인 사회 변화를 실행할 수 있는 새로운 지구사회 계급을 확립하는 것이다. 실제로 이 책의 첫머리에서 저자들은 이 의도를 명확히 밝히고 있다. 생태주의가 그저 운동에 그치지 않고 정치를 조직하는 구심점이 될 수 있는 조건은 무엇일까? 자유주의, 다음으로 사회주의, 신자유주의, 끝으로 최근에 영향력이 계속 해서 커지고 있는 반자유주의 또는 네오파시즘 정당들이 그랬듯이 생태주의 또한 정치의 지평을 결정하는 방향으로 과연 나아갈 수 있을까? 자유주의나 신자유주의의 경우와 같은 영향력 있는 사회 운동을 정립하는 것은 쉬운 일이 아니다. 그렇지만 이 책의 부제이기도 한 문장, 즉 "자기 자신을 의식하고 자랑스러워하는 녹색 계급을 어떻게 출현하게 할 것인가?"에서 문제의식이 뚜렷하게 드러나는 것처럼, 저자들은 녹색 계급이 가능한 한 빨리 새로운 정치 세력으로 떠오르게 하는 일에 과감하게 도전한다. 그들의 도전은 어떻게 자연환경보호 정당들의 이념을 당원들과 유권자들에게, 또한 미래 세대에게 알릴 것인가? 하는 고민에서 비롯된 것으로 보인다.

저자들이 주장하는 바에 따르면, 환경에 대한 관심에 토대를 둔 이 새로운 계급을 격려하고 그들의 이념을 발전시키기 위해서는 정치생태학이 분열을 초래한다는 점, 그리고 이 새로운 사회 계급의 잠재적인 구성원들에게 동원을 위한 설득력 있는 지도를 제공해야 한다는 점을 받아들일 필요가 있다. 계급의 규정은 결코 안정된 적이 없는 싸움터이기 때문이다. 어쨌든 이러한 전투로 인한 잿더미에서 녹색 계급의 새로운 씨앗들이 뿌려졌고 발아되기 시작한 것이 사실이다. 이에 따라 계급들의 풍경이 재편성되고 있다. 전통적인 계급 이익 및 위계가 땅, 대지, 공기, 에너지 등 지구 생활 수단과 더 긴밀하게 관련되기에 이르렀다는 것은 부인하기 어렵다.

이 새로운 계급은 생산의 전통적인 개념들 밖에서 조직된다. 마르크스의 전선에 따라 규정되지 않고 반대로 생산의 지평에 반대하여 투쟁하고 영속농업 같은 더 조촐한 생활방식으로 돌아가고 대지에 연결된 새로운 사회 네트워크를 만들어낸다. 다음 단계로는 사람들이 자기 정체성을 확립하고 공통의 지점을 발견할 수 있는 공통의 이야기를 만들어내는 것(이른바 신화화)이 될 것이다. 이 새로운 사회 계급을 일관성 있는 정치 운동으로 확립하는 것은 어려울지라도, 정치적 상상력을 발휘하여 다양한 사회 집단의(적일 수도 있는) 기묘한 동반자들을 아우르고 이른바 '등급 투쟁'을 통해 다양한 출신의 사람들을 녹색 계급의 사회 운동에 합류하게 한다면 그들은 서로 친구가 될 수 있을 것이다.

사실 도처에서 기후 변화, 에너지, 생물다양성, 생물권 등이 이야기된다. 그런데 뭔가 부족하다는 느낌이 든다. 생태 담론이 정치적 열광과 동원으로 이어지지 않고 있다. 생활 조건을 파괴하는 생산 중심의 사고방식, 산업 사회의 이데올로기가 줄기차게 지속되고 있다. 사회주의 역시 생산과 재생산의 견지에서만 사유한다. 다만 생산의 결과물을 분배하는 방식에서만 자본주의와 상이할 따름이다. 그래서 녹색 계급은 반자본주의적이지도 친사회주의적이지도 않다. 녹색 계급에서는 우군과 적군의 구별이 분명하지 않고 기존의 좌파, 우파의 구분이 무의미하다. 녹색 계급은 "생산에 대한 이 배타적인 관심에 등을 돌려 거주가능 조건의 탐색이라는 더 큰 틀로 나아가"고자 한다. 모든 것을 경제의 관점에서 보는 경향에 대한 투쟁을 벌이면서, 파국의 확실성으로 인한 행동의 마비와 동원의 난점을 이겨내고 지구에 거주할 조건의 유지를 최우선시하는 결정적인 방향 전환을 촉구한다. 요컨대 녹색 계급은 "지구 차원의 거주가능성 문제를 떠맡는 계급"이다. 이 녹색 계급으로 현재의 지도층을 대체해야 한다. 녹색 계급을 주축계급으로! 이것이 저자들의 궁극적인 주장일 것이다. 이를 위해서는 "형성 중인 녹색 계급의 책무"를 긍정하는 일반대중의 강력한 정서가 형성되어야 할 것이고 "거주가능성의 문제와 동떨어져 있는" "허망한 글로벌화와 동시에 국경 안으로의 회귀"에 녹색 계급이 맞서는 것에 대한 폭넓은 지지가 뒤따라야 할 것이다.

정치는 모름지기 열광을 먹고 산다. 예전에 번영, 해방, 자유, 민주화의 깃발 아래 얼마나 많은 사람이 모여들고 죽음까지도 불사했는지 생각해보라. 처벌은 오히려 일반 대중의 뜨거운 정서를 형성하는 데 장애가 된다. 생태학에 처벌의 꼬리표가 붙어서는 녹색 계급의 확립에 도움이 되지 않는다. '아라비아의 로렌스'라는 영화에서 알아볼 수 있다시피 정치적 열광은 불가능해 보이는 일을 해내고 낙오자를 최후의 한 명까지 끌어안고 측근마저도 가차 없이 처단하고 권력을 미련 없이 내려놓고 떠나는 일련의 결단에 의해 고취되는 것이다. 그렇지만 지구사회의 차원에서는 이제 해방도 자유도 무언가 억압적인 것에서 풀려나는 데 있지 않다. 해방이나 자유는 제약을 받아들이고 지구라는 우리의 주인에게 마음 편히 의존함으로써 구현하는 것이 된다. "이처럼 의존을 새롭게 배워나가는" 진정한 의미에서의 자율성 추구에서도 열광을 불러일으킬 수 있는 반전의 정치, 이것이 바로 정치와 생태학의 접속을 시도한 브뤼노 라투르와 그가 "짙은 안개 속에서" "출현을 가늠해 볼 수 있다"고 하는 녹색 계급의 (권력의 쟁취를 지향하고 동시에 권력의 주변부로 향한다는 점으로 짐작컨대) 역설적인 꿈이 아닐까 싶다.

이규현

한국의 녹색 계급을 위한 부록

라투르의 정치생태학과
슐츠의 새로운 계급이론

김환석

–

국민대학교 사회학과 명예교수

브뤼노 라투르는 오늘날의 지구적 생태위기에 대한 자신의 진단과 처방을 1999년에 저서 〈자연의 정치학〉에서 제시함으로써 자신의 독특한 정치생태학(political ecology)을 본격적으로 소개한 바 있다.* 그에 의하면 근대성의 존재론적 특징인 비인간/인간(=자연세계/사회세계)의 이원론적 질서가 생태위기를 낳은 근본적 원인이며 따라서 탈이원론에 기초한 "공동세계의 점진적 구성"을 뜻하는 코스모폴리틱스(cosmopolitics)를 그 처방으로 제시하였다. 라투르의 이러한 정치생태학적 관점은 인류가 기존처럼 '근대화'의 길을 계속 추구할 것인가 아니면 코스모폴리틱스에 따른 새로운 '생태화'의 길을 모색할 것인가 하는 질문을 그 핵심으로 삼아 후속 저작들에서도 계속 새로운 형태로 변주되면서 나타나고 있다.

라투르는 2013년 2월 영국 에든버러대학의 초청으로 했던 기포드 강연(제목 "가이아를 마주보기")에서부터 제임스 러브록과 린 마굴리스의 '가이아' 가설을 자신의 정치생태학에 수용하면서 이를 인류세의 신기후체제를 바라보는 자신의 기본 관점으로 채택하였다. 이에 따라 그는 〈Facing Gaia〉(2017)와 〈Down to Earth〉(2018), 〈Critical Zones〉(2020), 〈After Lockdown〉(2021) 등 최근 발표한 일련의 책에서 가이아 정치생태학을 통해 인류세의 여러 양상을 분석하면서, 지구적 생태위기가 왜 가이아 내부 세계들의 전쟁 상태이며 이러한 위기의 궁극적 해결이 어떻게 가능한가를 꾸준히 모색해왔다.** 이러한 가이아 정치생태학 연구를 바탕으로 이제는 인류세의 불평등(즉 계급) 문제까지 본격적으로 분석할 수 있는 새로운 이론적 작업

---

*　이 책은 1999년에 불어판이 나왔고 영문 번역판은 2004년에 나왔음 (Latour, 2004).

**　라투르의 가이아 정치생태학 소개와 이것이 한국에 주는 함의에 대해서는 김환석(2022)을 참고할 것.

녹색 계급을 위한 가이드

을 덴마크의 젊은 사회학자 니콜라이 슐츠와 더불어 착수했는데, 그것이 바로 이번에 국내에 번역서가 나오게 된 〈녹색 계급의 출현〉(2022)이다.

이미 〈Down to Earth〉에서 라투르는 기존의 계급운동과 환경운동은 혁명적 변화를 일으키는 데 모두 실패했으며 그것은 양자가 함께 결합되지 못했기 때문이라고 주장하였다. 양자의 진정한 결합을 위해서는 우리가 인간과 비인간 사이의 오랜 이분법을 포기할 뿐만 아니라, 특히 사회계급과 경제에 대한 마르크스의 분석을 우리 유물론의 기초로서 삼는 것을 폐기할 필요가 있다고 그는 주장하였다. 전통적인 좌파 유물론의 정치는 그 분석에 문화와 가치를 추가한 경우에도 혁명을 일으키는 데 실패했는데, 왜냐면 물질세계 자체에 대한 그들의 정의가 추상적~관념적이어서 실재와 동떨어져 있기 때문이라고 그는 지적한다. 그 대신에 라투르는 "지구생활자로의 지향이 부여하는 신유물론"(Latour, 2018: 61)을 옹호하면서, 구체적 물질성의 실재인 영토적 위치에 의해 정의되는 지구사회적(geo-social) 계급들은 결코 비인간들을 배제한 사회적(social) 계급과 같은 방식으로 불평등을 개념화할 수는 없다고 주장한다.

이런 지구사회적 계급을 사유하는 것은 마르크스의 생산 시스템(system of production) 분석*을 통해서는 더 이상 가능하지 않다고 라투르는 보는데, 왜냐하면 마르크스주의는 비인간 자연이 인간 활동을 위한 '맥락'이자 '자원'일 뿐이라는 이원론적 관념을 유지하고 있기 때문이다. 이런 생산 시스템 대신에 우리는 이원론을 벗어난 생성 시스템(systems of engendering)을 통해 사유하고 행동해야 한다고 라투르는 제시하면서, 그것은 다음의 세 가지 점에서 생산 시스템과 차이가 있다고 지적한다.

첫째, 그것은 지향 원칙에서 다르다. 근대성은 다른 무엇보다 인간 자유를 중요시하지만, 우리는 이제 의존성의 원칙에서 새로운 권위를 추구해야 한다고 라투르는 주

---

*   라투르가 "마르크스의 생산 시스템 분석"이라고 부르는 것은 마르크스의 역사적 유물론을 가리킨다. 즉 마르크스는 역사상 모든 사회의 생존 및 재생산에 필요한 물질적 힘들을 '생산력'(인간노동과 생산수단)이라 불렀고, 이 생산력과 특수한 '생산의 사회적 관계'가 결합되어 각 역사적 시기의 '생산양식'을 이룬다고 보았다. 바로 이 생산양식이 사회가 존재할 수 있는 객관적 기초가 되는 한편, 각 생산양식 안에서 사람들은 생산수단의 소유 여부에 따라 상이한 사회계급들로 나뉘어진다고 보았다. 그리고 어떤 사회계급에 속하느냐에 따라 사람들은 상이한 이해관계와 의식을 지니게 되며, 바로 이런 의미에서 사회계급은 사회의 주관적 기초를 제공하는 역할을 한다고 보았던 것이다.

장한다. 생성의 개념은 의도적으로 반작용의 역량을 지닌 수많은 행위자들 사이의 갈등을 부각시킨다. 그것은 오직 인간이 사용하기 위해 상품을 생산하는 것을 포기하고, 애착을 배양함으로써 비인간들을 포함한 모든 지구족(Terrestrial)*을 생성하는 것을 추구한다. 따라서 의존성은 새로운 형태의 권위가 될 수 있고, 기후협정을 맺는 국가들의 정치를 이미 안내하는 원칙이 되었다.

둘째, 생성 시스템은 인간에게 부여하는 역할이 다르다. 근대인에게 인간은 다른 모든 객체와 같은 '자연적' 존재이거나 또는 자신을 자연으로부터 분리할 능력이 있는 주체 즉 '사회적' 존재였다. 그런데 기후변화는 이 양자의 정의를 모두 불가능하게 만들었다. 따라서 이런 정의들 대신에 라투르는 우리가 인간이란 용어를 모두 포기하고 스스로를 '지구족'의 일원이라 부를 수 있지 않느냐고 제안한다.

---

*   본문에서는 이 단어를 '지구생활자'로 표기했다. '지구'에 존재하는 모든 인간과 사물을 포함한 비-인간 행위자들을 가리키는 표현은 관점에 따라 다양하게 선택되고 있다. 녹색 계급은 같은 목적을 추구하되 각자 다양한 관점을 지닌 행위자들의 집합일 것이므로, 관점의 다양성을 존중하기 위해 표현을 통일하지 않았다. (편집자주)

셋째, 두 시스템은 책임지는 운동의 유형에서 차이가 있다. 근대인은 메커니즘을 따르는 데 만족하지만, 지구족은 새로운 변화를 창출하는 발생(genesis)의 운동에 관심을 가져야 한다. 생성 시스템은 생산 시스템과는 달리 인간만이 저항할 능력이 있는 외로운 존재가 아니라 비인간들 역시 변화의 행위자로서 행동할 가능성을 창출하기 때문에, 이는 인류세에 "지구생활자를 위한 투쟁에 나설 잠재적 동맹자의 폭을 상당히 늘려줄 것이다"(ibid: 88). 이면에서 지구생활자는 아직 제도화된 존재는 아니지만 근대인이 '자연'에 부여한 정치적 역할과는 분명히 다른 역할을 하는 행위자이다. 따라서 생산 시스템과 생성 시스템 사이의 모순은 "단순히 경제학의 문제가 아니라 문명 그 자체의 문제인 것이다"(ibid: 89).

⟨Down to Earth⟩에서 개략적으로만 제시된 라투르의 이러한 아이디어에 영감을 받아서 본격적으로 인류세의 새로운 계급이론을 정립하려는 연구를 하고 있는 학자가 바로 코펜하겐대학의 사회학과 박사과정생인 니콜라이 슐츠이다. 라투르의 생성 시스템 안에서 계급들은 생산의 과정에서 그들이 차지하는 경제적 위치에 의해 정의되는 것이 아니라, 생성의 과정에서 그들이 차지하는 영

토적 위치에 의해 정의된다고 슐츠는 본다(Schultz, 2020).

따라서 경제적 자원에 대한 접근에 의해 정의되는 사회적 계급들과는 달리, 지구사회적 계급들은 사회집단들이 번영하고 생존하도록 허용하는 보다 광범위한 존재의 물질적 조건들(예: 땅, 식량, 물, 옷, 집 등)에 대한 의존과 접근에 의해 정의되는 것이다. 즉 사회적 계급들은 생산의 수단에 대한 그들의 소유에 의해 정의되지만, 지구사회적 계급들은 재생산의 수단 또는 생존의 수단에 대한 그들의 접근에 의해 정의된다고 요약할 수 있다.

따라서 21세기 지구사회적 계급투쟁을 정의하고 차크라바티가 말한 "지구-역사(geo-story)"(Chakrabarty, 2009)의 방향을 형성하는 것은, 다름이 아니라 존재의 그러한 수단과 조건에 대한 투쟁, 즉 거주가능한 땅, 흙, 영토 및 생존기회들에 대한 투쟁이다. 지구사회적 계급들의 상이한 위치를 정하기 위해서는 먼저 사회집단들을 정의하는 재생산의 연결망들을 규명할 필요가 있다. 상이한 사회집단들이 그들의 존재, 재생산, 생활양식에 속하도록 허용하는 물질적 조건들은 무엇인가? 이 질문에 답하기 위해서 우리는 상이한 사회집단들이 살고 재생산하기 위해 의존하는 물질적 조건들의 리스트를 작성함으로써 각

녹색 계급의 출현

사회집단이 어떤 영토 또는 땅에 사는지 묘사할 필요가 있다. 사람들의 생계를 확립해주는 다소 거주가능한 연결망들은 무엇인가? 상이한 사회집단들의 존재를 뒷받침하는 요인들-예컨대 숨 쉴 공기, 교통, 에너지, 물, 식품, 봉급, 노동권, 정책 등-은 무엇이고 여기에 사회집단들이 접근하도록 허용하거나 불허하는 요인들은 무엇인가?

이러한 경험적 조사의 절차를 따라갈 경우 우리가 조만간 부딪히게 되는 것은 그러한 리스트가 사회집단마다 매우 상이할 것이라는 점이다. 예를 들면, 우리가 존재의 물질적 조건을 조사하는 것이 인도의 농민 집단이냐, 덴마크의 어민 집단이냐, 아니면 스위스의 은행가 집단이냐에 따라 그것은 매우 상이할 것이기 때문이다. 이들 사회집단의 재생산을 허용·해줄 존재의 연결망들은 서로 매우 상이하게 나타날 것이고, 이들 집단이 생계를 의존하고 접근할 수 있는 물질적 조건들은 더 좋거나 나쁜 생존기회에 해당할 것이다. 그렇지만 다른 한편 이러한 리스트는 어떤 집단이 존재의 일부 물질적 조건을 다른 집단들에 비해서 어떤 집단들과 공유하고 있음도 보여줄 것이다. 아마도 그것은 한국의 노동자들이 모두 동일한 공장에서 일하는 것은 아니지만 노동계급으로 분류하는 것이

가능한 것과 마찬가지로, 꼭 동일한 조건은 아니지만 그 집단들을 하나의 집합체로 재분류하기에 충분할 만큼 유사하면 족하다. 다른 말로 하자면 생성의 과정에서 재생산 조건의 분포는 클러스터들을 창출하는데, 이 클러스터들은 집단들 간의 유사성과 비유사성을 우리가 알아볼 수 있게 나타낼 것이다.

따라서 먼저 상이한 집단들이 살아가는 땅을 확인하고, 다음으로 그 집단들의 재생산 수단 사이의 유사성과 비유사성을 그려냄으로써 그들을 클러스터들로 재분류하며, 이 클러스터들을 서로 비교해보면, 우리는 어떤 지구사회적 계급의 모습과 그 계층화 그리고 그 권력구조를 보기 시작할 수 있을 것이다. 또한 그러한 묘사들이 우리에게 알려주는 것은 어떤 집단의 생활양식이 다른 집단(들)의 존재 조건을 보다 좋게 또는 나쁘게 만드는가이다. 즉 지구사회적 집단들을 확인하고, 재분류하며, 서로 비교함으로써, 우리는 누가 다른 누구의 영토를 점유하고 있는가를 즉 누가 누구를 착취(exploitation)하고 있는가를 그려낼 수 있다. 이것은 마르크스의 사회적 계급에서의 착취와는 다른 중요한 변화이다. 생성 시스템에서 착취는 더 이상 생산수단의 소유로부터 취하는 잉여가치에 기초하지 않기 때문이다. 대신에 이제 착취는 어떤 집단의 생활양식이 다른 집단이 거주가능한 영토를 차지할 가능성을 빼앗음으로써 취하는 '잉여존재(surplus existence)'에 기초한다. 즉 그것은 다른 사람들의 흙에 기생하고, 다른 사회집단들이 비옥한 영토를 차지하는 걸 불허하며, 타자들이 거주가능한 흙에 접근하는 걸 불허하는 생활양식이다.

생활의 공간적 확장이 어떤 집단으로 하여금 다른 집단들이 그렇게 할 가능성을 희생하면서 재생산을 하게 만들 경우, 우리는 그것을 착취라고 말할 수 있다. 바로 여기에 사회적 계급이 아니라 지구사회적 계급이 지닌 핵심적 특징이 있다. 사회적 계급은 생산 시스템에서의 경제적 위치에 따라 정의되며 그 착취의 성격은 잉여가치를 통해 확인되는 반면에, 지구사회적 계급은 생성 시스템에서의 재생산을 허용하는 존재의 물질적 조건에 의해 정의되며 그 착취의 성격은 어떤 생활양식이 타자로 하여금 거주가능한 영토를 차지하지 못하도록 막는 것으로 정의된다. 이와 같은 정의는 아직 모호하게 보이지만, 그것은 현재 생성 시스템에 대한 연구가 초기 단계이기 때문이다. 그러나 기후위기와 팬데믹 하에서 이미 뚜렷이 나타난 세계적 불평등 심화는 사람들로 하여금 영토적 조건이 특권과 계급 이해관계를 정의하며 미래에도 그럴 것이라는 사실을 잘 알게 만들었다. 다만 그들은 그것을 구체화할 언어가 없을 뿐이다. 따라서 오늘날 사회과학자들의 가장 급박한 임무 중 하나는 우리의 신기후체제에서 사회집단들의 재생산을 좌우하는 존재의 물질적 조건을 생성 시스템에 따라 재분석함으로써 이러한 언어를 개발하는 것이라고 슐츠는 주장한다. 아래는 이러한 내용을 그가 요약한

	사회적 계급	지구사회적 계급
사회의 '기초'는?	생산 시스템	생성 시스템
계급의 확인 방법은?	생산수단에 대한 소유로 정의되는 경제적 위치	재생산수단에 대한 접근으로 정의되는 영토적 위치
착취의 양식은?	잉여가치: 노동의 착취로부터 생기는 경제적 이윤	잉여존재: 타자들의 땅에 대한 착취로부터 생기는 영토적 이윤
계급투쟁이란?	생산수단에 대한 투쟁	재생산수단, 거주가능한 땅에 대한 투쟁
동맹 세력은?	생산 시스템에서 당신의 위치를 공유하는 사람들	물질적 존재조건의 종류를 공유하는 사람들
적대 세력은?	생산 시스템에서 당신의 위치를 공유하지 않는 사람들	당신의 영토를 점유한 사람들

녹색 계급의 출현

표이다(ibid: 311).

위에서 간략히 소개한 바와 같은 라투르의 가이아 정치생태학과 슐츠의 지구사회적 계급이론이 만나서 보다 확실하고 구체적으로 신기후체제에 요구되는 새로운 계급운동을 제시하고자 시도한 것이 바로 〈녹색 계급의 출현〉이라고 보인다. 오늘날 전지구적인 기후위기와 팬데믹에도 불구하고 아직 기존 '근대화'의 정치를 대체할 만한 '생태화'의 정치가 출현하지 못하고 있는 현 상황에서, 라투르와 슐츠는 생성 시스템에 기초한 지구사회적 계급들의 하나로서 "녹색 계급(green/ecological class)"이 출현하여 이러한 생태화의 정치를 주도할 수 있는 조건들을 76개항의 메모 형식으로 밝혀주고 있다. 이는 마치 19~20세기에 사회진보를 위하여 노동계급이 앞장서 투쟁하였던 것과 비슷하게 21세기 생태위기의 해결을 위한 투쟁이라는 역사적 역할을 이 녹색 계급에게 부여하는 것으로 느껴진다. 바로 이 면에서 이 책은 1848년에 마르크스와 엥겔스가 노동계급의 정치운동을 위해 공저한 팸플릿 〈공산당 선언〉을 나에겐 연상하게도 만든다. 다만 이 책은 마르크스와 엥겔스의 역사적 유물론이 아니라, 생태적 유물론이라고 불릴 수 있는 일종의 신유물론에 바탕을 두고 있다는 점이 다르다.

이번에 라투르와 슐츠의 책이 빠르게 번역되어 나온 것은 국내의 정치에도 큰 함의를 지닌다고 보기 때문에 매우 반가운 일이다. 이번 제20대 대통령선거에서 보았듯이 기존의 양대 정당은 진보/보수를 각각 표방하였지만 모두 경제성장을 지상 목표로 추구하는 '근대화' 정치의 패러다임에서 벗어나지 못했기 때문에 기후변화를 비롯한 생태위기는 그 국내·외적 중요성에도 불구하고 다시 뒷전으로 밀려나 대선의 주요 의제가 되지 못하였다. 그 결과 그동안 생태위기의 의제화와 해결을 위해 열심히 운동을 해왔던 국내의 정당과 시민단체들은 또 한 번 커다란 좌절과 허탈감을 느껴야 했다. 부디 이 책이 국내의 이러한 답답한 상황을 타개하고 앞으로 '생태화'의 정치를 힘차게 열어가기 위한 새로운 자극과 지침서가 되기를 바란다. 아직 우리나라에서 '근대화' 정치가 강고히 지배하고 있는 것은 대부분의 사람들이 이원론에 기초한 생산 시스템 관점에서 세계를 이해하기 때문이고, 이원론을 벗어난 생성 시스템 관점에서 세계를 새롭게 바라보는 일은 거의 시작도 안 했다고 나는 느끼기 때문이다.

녹색 계급의 출현

참고문헌

- 김환석, 2022. 「브뤼노 라투르의 가이아 이론과 한국의 사례:
  근대화 vs 생태화」, 『과학기술학연구』 제22권 1호, 한국과학기술학회,
  pp. 34-62.
- Chakrabarty, D., 2009. "The Climate of History: Four Theses,"
  Critical Inquiry, Vol. 35, No. 2, pp. 197-222.
- Latour, B., 2004. *Politics of Nature*, Cambridge, MA: Harvard University Press.
- _____, 2017. *Facing Gaia*, Cambridge: Polity.
- _____, 2018. *Down to Earth*, Cambridge: Polity.
  (박범순 역, 2021. 『지구와 충돌하지 않고 착륙하는 방법:
  신기후체제의 정치』, 이음.)
- _____, 2021. *After Lockdown*, Cambridge: Polity.
  (김예령 역, 2021. 『나는 어디에 있는가?: 코로나 사태와 격리가
  지구생활자들에게 주는 교훈』, 이음.)
- Latour, B. and Weibel, P. (eds.), 2020. *Critical Zones*,
  Cambridge, MA: The MIT Press.
- Schultz, N., 2020. "New Climate, New Class Struggles," in Latour, B.
  and Weibel, P. (eds.), *Critical Zones*, Cambridge, MA:
  The MIT Press., pp. 308-311.

녹색 계급은 인류에게 기후위기 극복의
새로운 나침반이 될 수 있을까?

이현정

–

녹색정치Lab 그레 소장,
기후정의동맹 집행위원

경관생태학을 전공하고, 생태/기후 운동과 진보정당 운동에 걸쳐있는 내 입장에서 라투르는 참 복잡한 심경이 들게 하는 학자였다. 결론부터 말하자면, 라투르의 최근 인식의 변화와 슐츠와의 이번 공동 작업 결과에서 이전의 그의 주장보다 많은 공감을 느꼈으며, 지금 기후위기를 극복하기 위해 전 세계적으로 벌어지고 있는 노력들이 헛되지 않을지 모른다는 희망을 느끼게 만들었다.

　　과거 그의 주장에 대해 복잡한 심경이 들었던 이유는 다음과 같다. 인간만이 행위자가 아니므로 인간들 사이의 관계에만 주의를 기울이는 근대주의는 극복되어야 한다는 주장이나, 그가 근대적 헌법이라고 표현한 '이원론적 존재론'이 비인간과 인간, 주체와 객체, 자연과 사회의 허구적 대립쌍을 만든 것이 지금 기후위기의 근본적인 원인이라는 분석은 매우 명쾌했고, 생태학 연구자로서 매우 환영할 만한 주장이었다. 그러나 근대화로부터 벗어나기 위해 내린 탈인간중심적인 처방, 즉, 준객체들의 행위성과 권리가 인정되는 비근대적 계약이라고 주장하는 '자연 계약', 혹은 '생태화(ecologization)'(김환석, 2022: 44)의 내용은 현실에서 어떻게 실질적 동력을 만들어내고, 이를 바탕으로 세상을 변화시킬 수 있을지, 구체적인 경로가 빠져있다는 느낌이었다.

그런 면에서 2020년 국내에도 소개된『지구와 충돌하지 않고 착륙하는 방법-신기후체제의 정치』는 그 전보다 한 발짝 나아간 느낌이었다. 그는 이 책을 통해 현재의 전지구적 상황에 대한 놀라운 통찰을 보여준다. 불평등의 폭발적 증가와 기후변화 부정은 같은 현상이며(p.17), '모호주의 엘리트들'은 결국 '모두를 위한 미래는 없다는 확신을 바탕으로, 가능한 한 빨리 연대의 부담을 모두 없'애 다른 사람들이 대가를 치르게 하고 있다는 것이다(p.39-

40). 또한, 기후위기를 부정하는 것은 '모두를 위한 성장의 꿈을 품을 만큼 큰 행성'이 없다는 것을 잘 알고 있기 때문에 자신들만을 위한 출구전략으로 세운 배신행위라고 그는 말한다. 그의 이런 분석은 트럼프의 당선부터 녹색기후기금(GCF)이 왜 약속대로 모이지 않는지, 최근의 러시아-우크라이나 전쟁까지 많은 현상을 설명할 수 있다.

또한, 구식 사회주의자들에 대한 태도 역시 주목할 만하다. '레닌이 말하던 "구체적 상황에 대한 구체적 분석"은 충분히 구체적이지 않다'며, 생태학은 사회주의자들에게 항상 "조금 더 노력하세요. 유물론자 여러분! 진실로 유물론자가 되기 위해서는!"'이라고 이야기해 왔다는 일침(p.94-95)은 내 마음을 그대로 대변해주는 듯했다. 자본주의와 인간만의 관계를 봐 왔던 과거의 사회주의*는 기후위기 시대에 좀 더 많은 생태주의와 생태학을 필요로 하고 있다. 특히 서구의 민주적 사회주의 흐름들이 생태 사회주의를 기본 이념으로 내재하고 있는 반면, 우리나라에서는 여전히 부수적인 이슈나, 부문 운동쯤으로 치부되는 경우가 많아 이런 목소리에 더욱 귀를 기울여야 한다.

그러나 이때까지만 해도 그는 생산 시스템(system of production)과 생성 시스템(system of engendering)의 차이를 정의하고, '생산 시스템에서 생성 시스템으로 전환함으로써 불의에 맞서 저항할 주체를 증식하고 이로써 대지를 위한 투쟁에 나설 잠재적 우군의 폭을 상당히 늘릴 수 있을 것(p.126)'이라는 가능성 정도를 제시하며, '근대인'과 '대지의 것들(Terrestrial)'을 대비시키는 데에 그쳤다.**

그런 그가 이번에는 니콜라이 슐츠와 함께 '계급'을 전면에 들고 나왔다. 이번에는 좀 더 입장이 선명하다. 계급이론은 나침반과 같다며(메모10), 계급의 중요성을 설파하며, 기존의 계급이론과 새로운 녹색 계급의 연속성과 차이점을 구체적으로 언급한다. 새로운 계급 역시 마르크스의 유물론에 기반한 기존 계급이론처럼 '유물론적 접근을 토대로 전개되어야 한다(메모11)'며 연속성을 설명하면서도, '인간만의 생산과 재생산 이외의 다른 현상 쪽'으로 확

---

*   사이토 고헤이(2020)의 주장처럼 설령 마르크스 자체는 후기에 생태적 지평을 넓혔다 할지라도, 이후의 사회주의가 전반적으로 충분히 생태학을 받아들이지 못해온 것은 부정할 수 없는 사실이다.

** 중간에 계급투쟁은 지리논리(geo-logic)에 의존한다던가(p.93), 새로운 계급을 정의하고 여러 갈래로 갈라진 이해관계의 갈등을 추적하게 해줄 새로운 원칙을 찾을(p.94) 필요성을 언급하긴 했지만, 어려움에 초점이 맞춰져 있었다.

장되어야 한다고 차이점을 강조한다(메모13). 좌파와의 관계에 대해서도 더욱 명확한 입장을 가진다. '녹색 계급은 해방을 주장하는 좌파의 역사를 이어받아 확대한다(메모15)'며, 생산에 필수적인 실제 생성의 참여자들은 당연히 우군이라고 단언한다(메모42). 이 우군은 노동계급은 물론, 페미니스트, 탈식민주의 운동과 함께 새로 추가된 생명체와 지구시스템을 포함한다. 또한, 토착민, 청년/청소년, 지식계급, 종교 등 녹색 계급이 될 수 있는 잠재적인 주체들을 호명하며(메모42-46) '녹색 계급은 잠재적으로 다수파'라고 희망을 심어준다.

지젝(2020, p.184-185)의 말처럼 녹색계급의 '대다수는 생산수단의 소유자들을 위해 일한다는 뜻을 담은 고전적 마르크스주의의 노동자처럼 착취당하지 않는다. 그들은 수도와 깨끗한 공기의 보급, 건강, 안전같이 자신들이 스스로의 삶의 물질적 조건들과 맺는 관계의 측면에서 "착취당한다." 지방의 인구들은 설사 그들이 외국계 회사들을 위해 일하지 않더라도, 자신들의 지역이 산업화된 농산물이나 거대한 탄광산업의 수출창구로 쓰일 때 착취당한다. 그들은 자신들의 삶의 방식을 유지하는 데 필요한 만큼 그 지역을 충분히 이용할 수 있는 권리를 빼앗긴

녹색 계급의 출현

다는 단순한 의미에서 착취당하고 있다.'

이러한 상황 인식은 2022년 대한민국의 현실과 정확히 맞아떨어진다. 석탄화력발전소 비정규직 노동자들의 해고가 이미 시작되었다. 신공항 건설반대 투쟁이 벌어지고 있는 새만금, 제주, 부산 가덕도, 석탄화력 발전소가 지어지고 있는 삼척, 강릉, 고압 송전탑 갈등을 겪고 있는 홍천, 봉화, 핵발전소의 위험에 그대로 노출된 울진, 영광, 경주, 울산, 부산, 기업을 위한 신규 LNG발전소가 지어지는 청주, 여주, 산지 난개발에 대한 찬반이 팽팽한 양양, 하동 등등, 서울과 밀집화된 수도권 도시 일부를 빼면 전국이 전쟁터다. 농민들은 변화하는 기후의 최전선에서 발을 동동 구르며 출구를 찾아 헤매고 있다.

나는 2022년 4월에 열린 기후정의포럼 2번째 날의 3번째 세션, '기후위기 최전선 현장 투쟁과 연대전략-라운드 테이블'에서 토론제안문을 통해 '고립된 싸움을 넘어 反중앙, 反자본 동맹'으로서의 기후정의동맹이 필요함을 주장한 바 있다(이현정, 2022b: 252). 여기서 자본과 수도(혹은 중앙)에 대한 중의적 의미로서 'Capital'에 대한 저항이 필요함을 강조했다. 수도권, 혹은 중앙은 엘리트들에 의해 점유된 거의 유일하게 남은 '거주가능한 땅(habitable land, Schultz, 2020: 3)'이자 다른 지역들을 착취하여 거주 불가능한 땅으로 만드는 원흉으로 볼 수 있기 때문이다. 그러므로, 지금 대한민국 전역에서 기후위기 적응 및 대응 과정에서 벌어지고 있는 다양한 투쟁들은 저자들이 이야기하는 녹색 계급의 다양한 맹아들일 것이며, 수도인 서울과 대도시, 자본은 근대성을 대표하며 타인의 공간을 약탈하는 핵심적인 주체들이다. 물론 대도시 안에도 착취당하고 객체화되는 수많은 존재들이 있으며, 이는 다시 말해 도시 안에도 잠재적인 녹색 계급이 존재함을 의미한다. 데이비드 하비 등 많은 이들이 새로운 도시혁명의 주요 주체로 지목하는-흔히 프리캐리아트라고 부르는-불안정하고 조직되지 않은 노동자(데이비드 하비, 2014: 237)들의 존재는 이 메모의 저자들이 녹색 계급은 잠재적으로 다수파라고 이야기할 수 있는 주요한 근거일 것이다.

　문제는 이미 존재하는 잠재적인 녹색 계급의 맹아들을 어떻게 엮어내고, 계급의식을 가지게 하는가이다. 이 메모에서는 '확실성도 위험도 긴급성의 단계와 정도에 맞게 대중들을 동원하지 못'하는(메모26) 이유가 정서의 혼란 때문이라고 지적한다. 생태학이 문제 삼는 것은 바로 지금까지의 진보이며, 그래서 생태학은 지금까지 '처벌 생태학'의 꼬리표를 떼지 못한다는 것이다(메모27). 그러나 저자들도 이야기하듯 희망은 있다. 다행히도 우리는 백지상태에서 출발하는 것이 아니다. 기존의 좌파들이 어떻게 생산 시스템 안팎에 존재하는 생성 시스템의 문제를 받아들이느냐가 기후위기 극복과 체제전환의 열쇠가 될 것이다. 분명히 우리가 발전의 개념 자체를 바꾸는 과정에서 지금까지의 진보의 개념이 고쳐야 할 착오처럼(메모17) 취급받는 것에 대한 저항감이 존재한다. 또한, 당장 내문제가 아니라고 생각하게 만드는 타자화의 벽도 존재한다(이현정, 2022a: 45). 그러나 다행히도 지금까지의 운동을 통해 이미 계급성을 내재화하고 있거나 착취당하는 존재로서의 공통점을 바탕으로, 생산을 확대하는 것보다 '우리 모두가 함께' 지구에 거주할 조건을 유지하는 것을 우선시해야 한다는 것을 이해하는 사람들이 늘어나고 있다.

주로 보수파로부터 부정적인 의미에서 많이 발화되는 '녹색은 새로운 적색이다(Green is the new red)'는 문장은 사실이다. 그러나 녹색은 적색보다 더 넓고 단단해야 한다. 기후위기가 우리의 모든 삶의 조건을 파괴할 상황을 변화시키려면 기존의 사회운동이 초점을 맞췄던 사회적 생산관계의 변화와 함께 생태적 생산관계*의 변화(Poster, 2019)까지 이끌어내는 난제를 풀어야 하기 때문이다. 그러나 저자들이 주장하는 녹색 계급이라는 나침반을 가지고 있다면 불가능한 일만은 아닐지도 모른다.

---

* 저자들이 이야기하는 '생성관계'와 동일한 것으로 간주할 수 있을 것이다.

참고문헌

- 김환석, 2022. 「브뤼노 라투르의 가이아 이론과 한국의 사례:
  근대화 vs 생태화」, 『과학기술학연구』 제22권 1호, 한국과학기술학회,
  pp.34-62.
- 데이비드 하비, 2014. 『반란의 도시』, 에이도스.
- 브뤼노 라투르, 박범순 번역, 2021. 『지구와 충돌하지 않고 착륙하는 방법-
  신기후체제의 정치』, 이음.
- 사이토 고헤이, 추선영 번역, 2020. 『마르크스의 생태사회주의-
  자연 자본 미완의 정치경제학 비판』, 두 번째 테제.
- 슬라보예 지젝, 강우성 번역, 2020. 『팬데믹 패닉』, 북하우스.
- 이현정, 2022a. 「기후정의의 정치적 주체되기」, 『창작과 비평』
  2022년 봄호, pp.32-48.
- 이현정, 2022b. "전국 곳곳에서 싸움을 벌이고 있는 여러분 옆에 서며",
  『체제전환을 위한 기후정의 포럼 자료집』, pp.250-253, 2022.3.29-30,
  여의도 이룸센터.
- Poster, J.B., 2019. Review of the Month-On fire This Time,
  https://monthlyreview.org/2019/11/01/on-fire-this-time/
- Schultz, N., 2020. "New Climate, New Class Struggles," downloaded from
  https://www.academia.edu/40816830/New_Climate_New_Class_Struggles.

우리는 모두 녹색 계급이다

김지윤

–

기후변화청년단체 GEYK 대표

하루하루 이상해지는 날씨, 그리고 이로 인한 각종 재난들을 직간접적으로 마주하면서 사람들은 기후변화가 진짜인지에 대한 논쟁보다는 얼마나 더 심각해질지, 그리고 우리가 어떻게 막을 수 있을지에 대한 관심이 점점 더 높아지고 있다. 각국 정부가 지난 20여 년간 해왔던 기후변화당사국총회는 미디어에서 더 중요하게, 더 자주 오르내리고, 글로벌 기업들이 기후환경과 관련된 이니셔티브와 캠페인에 동참하는 흐름이 더 이상 놀랍지 않다. 우리는 본능적으로 알고 있다. 지금까지 살아온 방식과 생각 그대로 살아간다면 미래는 꿈꿀 수 없다는 사실을 알고 있다.

　손쉽게 할 수 있는 개인의 행동 강령으로는 텀블러

쓰기, 대중교통 이용하기, 육식 줄이기, 전기 아껴 쓰기, 플라스틱 등 쓰레기 줄이기 등이 있다. 그렇지만 손쉽다는 말이 무색하게 이 중 개인의 다짐만으로 정말 쉽게 실천할 수 있는 건 거의 없다. 최근 많이 이야기되는 텀블러 쓰기만 하더라도, 점심시간에 직장 동료들과 카페를 갈 때 텀블러를 드는 순간 집중되는 주변 사람들의 관심을 이겨내야 한다. 정작 도착한 카페에서 텀블러를 내밀었지만, 거절당했을 때의 무안함 혹은 일회용 컵에 음료를 만든 후 그걸 텀블러에 옮겨줄 때 밀려드는 회의감은 감당하기 어렵다. 개인의 행동이 조금 더 쉽고 편안하게, 그리고 효과적이려면 개인을 넘어 기업 차원의 변화 그리고 국가 차원의 변화가 필연적이다. 거시적인 시스템을 바꾸기 위한 비교적 손쉬운 방법으로는 투표가 있으며, 기후환경을 고려한 투표권 행사가 필요하다는 요구는 〈시사인〉에서 발표한 '2022년 대한민국 기후위기 보고서'에서도 선명하게 드러난다.

최근 제20대 대통령선거에서 나는 '응답하라 기후대통령'이라는 슬로건 아래 기후청년활동가들과 함께 후보들에게 기후환경에 관한 공약과 실천 의지를 따져 묻는 활동을 전개했다. 문자 그대로 기존의 단순 이분법적인 좌파 우파를 넘어, 그리고 기존의 청년 문제라고 여겨지는 일자리, 주거 정책을 넘어 미래 생존을 결정할 수 있는 기후위기 대응을 최우선시하는 대통령 후보를 만들고자 했다. 기후대선 활동을 하면서 기후환경 이슈를 어떻게 정치화해야 하느냐의 문제부터, 존재하지만 정의되지 않는 이들을 어떻게 세력화할지 등의 끊임없는 고민이 이어졌다.

또한 기후대선 활동을 하면서 좌파라는 둥, 탈성장을 지지한다는 둥 근거 없는 일방적인 비난에 때때로 움츠러들었다. 우리가 원했던 건 기존의 이분법적인 분류에서 벗어난 진정으로 지속가능한 미래를 만들어줄 지도자가 필요한 건데 아직까지는 이러한 세력과 목소리가 낯설고 필연적으로 변화가 수반되니 거부감이 드는 것이 아닐까 하는 생각이 많이 들었다.

기후위기의 중요성이 대두되고 기존의 기후환경 운동이 점점 더 정치화되고 있는 이 시점에서 혼란을 겪고 있던 내게 『녹색 계급의 출현』은 뜻밖의 위로와 생각을 확장하는 계기가 되었다. 물론 나에게 한번 읽어 쉽게 이해되는 책이 아니었고, 녹색 계급의 정의와 그 세력 결집에 대한 방법들이 온전히 공감되는 것은 아니었다. 그럼에도 불구하고 위로가 되고 공감이 되는 내용들이 많았다. 특히 기후대선 활동을 하며 느꼈던 정체성의 혼란을 이 책에서는 녹색 계급이 '"우파도 좌파도 아닌"이라는 상투적인 표현에서 발견되고 사회주의적 이상의 이른바 "극복"과는 아무런 관계가 없는 핵심적인 진실이다.'라고 표현되어 있다. 또한 과거부터 정신, 조직, 행정, 법 등의 많은 것들이 생산에 결부되어 있기 때문에 오늘날 헛바퀴를 돌고 있다는 점, 오늘날의 관심 방향은 생산 중심의 사고에서 벗어났으나 행동으로 넘어갈 수 있는 설비가 필요하고 그걸 제공하는 것이 녹색 계급의 역할이라는 내용이 신선하면서도 고개가 끄덕여졌다.

기후활동을 하는 이들은 대체로 남들보다 조금 빠르게 문제 인식을 하고 지속가능한 미래를 꿈꾸기 위해 어떤 방식으로든 행동을 하게 된 사람들인데 이 책에서 역시 녹색 계급은 지구 차원에서 거주가능성의 문제를 떠맡는 계급이기 때문에 역사와 심지어 지구 역사에 대한 더 넓고 더 길고 더 복잡한 시각을 지니고 있다고 얘기한다. 과거 환경운동과의 차이라고 한다면 예전에는 단순히 지구를 아끼기 위해 보호하자는 것에 방점이 찍혀있었다면, 이제는 지구보단 나를 위해, 내 미래를 위해 지구를 보호해야 한다는 인식의 변화가 일어나고 있다.

이 책을 덮으며 지금의 지도자와 사회를 비판할 녹색 계급을 찾고 조직화하기 위해선 어떤 것들이 필요할까라는 물음표가 다시 떠오르게 되었다. 우리나라에서 녹색 계급은 아직 뚜렷하게 가시화되지 않았지만, 해외에서는 이러한 흐름들이 최근 뚜렷한 흐름으로 나타나고 있다. 우리나라에도 녹색 계급은 아직 아무 데도 없어 보이지만 생명을 소중히 여기는 녹색 계급은 어디에나 있기 때문에 계급의식을 키워낸다면 새로운 세력으로 부상할 수 있음을 믿어 의심치 않는다. 다만 기후위기를 막기 위한 시간이 얼마 남지 않았으므로 좀 더 빠르게 세력화할 수 있는데에 이 책이 질문을 던지고 변화를 촉진하는 역할을 할 수 있기를 바란다.

녹색 계급이 온다
– 라투르 신작에 대한 몇 가지 상념들

김홍중

플라즈마(plasma)

라투르의 세계는 선(線)으로 구성되어 있다. (마르크스에게처럼) 하부구조나 상부구조로 이원화되어 있지도 않고, (라캉의 그것처럼) 실재/상징/상상계로 나누어져 있지도 않다. 존재하는 모든 것들은 네트워크와 그 요소들 뿐이다. 다른 것은 없다. 네트워크와 그 요소들이 '존재'한다고 했을 때, 그들은 단순히 '있는' 것이 아니라, 행위/작용한다. 즉 변화를 생산한다. 이처럼 새로운 상태를 생성시키며 다른 존재자들에게 영향을 행사하는 것을 그는 '행위자 (actor)'라 부른다. 네트워크도 행위자고, 그것을 구성하는 요소들도 행위자다. 행위자-네트워크다.

서구 철학의 역사에서 라투르보다 더 민주적으로 행위자 개념을 구상한 자는 거의 없다. 라투르에게는 인간만이 행위자인 것이 아니다. 세균도 과속 방지턱도 실험실의 측정 기구도, 허리케인도, 방사능물질도, 지구 즉 가이아도 행위자다. 인간과 비인간의 구분은 라투르 철학 안에서는 본질적 의미를 갖지 못한다. 세계는 행위의 힘, 행위능력(agency)을 가진 무수한 존재들로 가득 차 있다. 그들은 모두 다른 존재들과 연결되면서 뭔가를 한다. 라투르의 세계는 이처럼 각별히 역동적이고, 생성적이며, 활동적이다. 이것이 우리가 그의 ANT에 대해서 갖는 일반적인 인상이다. 생성, 행위, 변화, 창조의 세계 (...). 그런데, 라투르가 그려낸 이 네트워크 존재론의 핵심에는 사실 이 모든 생성된 존재자들이 순식간에 소멸하는 급작스런 계기에 대한 놀라운 인식이 숨어 있다. 그는 『사회적인 것을 재조립하기』에서 다음과 같이 쓴다.

"왜 난폭한 군대들이 일주일 만에 사라지는가? 왜 소비에트 같은 제국 전체가 몇 달 만에 사라지는가? 왜 전 세계를 커버하는 기업이 다음 사분기 보고서의 리포트 후에 파산하는가? 왜 동일한 회사가 육 개월도 지나지 않아 엄청난 적자 상태에서 막대한 흑자 상태로 도약하는가?

녹색 계급의 출현

왜 조용한 시민들이 혁명적 군중으로 돌변하거나 살벌한 대중 집회가 자유로운 시민들의 유쾌한 집단들로 분해되는가? (...) 장군, 논설가, 관리자, 전문가, 도덕주의자는 그런 갑작스러운 변화들에는 어떤 부드럽고 포착되지 않는 액체적 특질이 있다고 종종 말한다. 그것이 바로 플라스마의 어원적 의미이다"[*]

플라스마. 그것은 네트워크들이 그로부터 솟아나고 꺼지는 바다 같은 것이다. 그것은 현존하는 네트워크의 외부, 연결된 것들의 사이, 실현된 것들의 배후에 존재하는 방대한 원천이다. 요소와 요소들이 얽힘으로써 네트워크가 만들어졌다면, 그리고 바로 그 네트워크가 우리가 보는 현실을 채우는 행위자들이라면, 이들은 영원한 것도, 항상적인 것도 아니다. 군중이 갑자기 혁명을 일으키듯이, 음악가가 불현듯 영감을 얻듯이, 어떤 군대가 단 일주일 만에 소멸할 수 있고, 거대한 제국도 몇 달 만에 붕괴할 수 있다. 플라스마 개념은, 라투르 철학이 현실의 확장과 네트워킹만을 사유하는 것이 아니라는 점을 드러낸다. 그것은 생성뿐 아니라 붕괴와 소멸, 즉 파국에 대한 철학

[*]   B. Latour, 2005, *Reassembling the Social*, Oxford University Press, p.245.

적 사유 가능성을 내포하고 있다. 존재하는 모든 것이 연결을 통해 형성된 네트워크라면, 그 모든 것은 특정 조건이 만들어지면 플라스마로 흩어져 사라질 것이다. 말하자면, 모든 것은 임시로, 잠시, 한시적으로 존재하는 것이다. 이것이 ANT의 잘 드러나지 않는 또 다른 이론적 스탠스다. 즉, 존재의 일시성(一時性), 근본적 취약성, 붕괴 가능성에 대한 감수성. 하여, 근대 문명이라는 거대한 네트워크나 인류라는 생물학적 종(種)도 소멸하고 멸종할 수 있다. 21세기에 들어오면서, 우리는 생성이 아닌 사라짐의 가능성을 더 고민하기 시작했고, 이것은 라투르 철학도 예외는 아니다.

인류세(Anthropocene)

실제로 라투르는 2000년대에 접어들면서 생태학적 위기를 진단하고 이에 대한 대응을 제시하는 여러 작업을 수행했다. 1999년에 출판된 『자연의 정치』, 2015년의 『가이아와 마주하고』, 2017년의 『지구와 충돌하지 않고 착륙하는 방법』, 2021년의 『나는 어디에 있는가?』, 그리고 2022년

의 『녹색 계급의 출현』이 대표적이다. 하지만 이미 1990
년대 초중반에도 그는 지구적 차원의 생태 위기, 그리고
도래하는 파국에 대한 관심을 지속적으로 형성시켜왔
다.*

이런 흐름의 배경에는 폴 크루첸과 유진 스토머가 제
안한 '인류세(Anthropocene)'라는 용어가 가져온 충격파
가 있다. 이들은 2000년에 IGBP(International Geosphere-
Biosphere Programme)의 뉴스레터에 실린 짧은 기고문에서
이렇게 쓴다. "인간 행위가 지구와 대기에 미친 중요하고
점증하는 영향을 고려해보건대 (…) 지질학과 환경학에
서 인류의 중심적 역할을 강조하는 것이 참으로 적절하게
보입니다. 그리하여 우리는 현재의 지질학적 시대를 '인
류세'라 부를 것을 제안하는 바입니다 (…) 인류는 수 천
년 동안, 어쩌면 아마 다가올 몇백만 년 동안 주요한 지질
학적 힘으로 남게 될 것입니다."**

---

*   B. Latour, 1991, *Nous n'avons jamais été moderne*, Paris, La Découverte;
      B. Latour, 1995, "Moderniser ou écologiser? À la recherche de la septième
      cité", *Écologie politique* 13.

**   P. J. Crutzen & E. F. Soermer, 2000, "The 'Anthropocene'", *The Interna-
      tional Geosphere-Biosphere Programme (IGBP) Newsletter* 41, p.17-18.

‘인간의 시대’라는 의미를 지닌 ‘인류세’는 약 1만 년 동안 지속된 충적세(Holocene) 이후의 새로운 지질학적 시대를 지칭한다. 인간 활동이 지구시스템을 변화시킬 정도로 강력한 ‘지질학적 힘’이 되었고, 이 시대가 몇백만 년 동안 지속될 가능성이 있다는 주장은 큰 반향을 불러일으켰다. 이들이 말하는 변화는 왕조나 정권 교체 혹은 단지 수백 년 지속하는 역사적 시대의 교체와 비교할 수 없다. 그보다 훨씬 장구한 지구와 바다와 대기의 시간이 이야기되고 있다. 매우 심원하고 근본적인 변화이며, 우리의 일상적 지각의 차원을 넘어서는 시스템 수준의 변화다.

　그렇다면, 충적세에서 인류세로의 이 지질학적 전환은 인간과 사회에 어떤 의미를 갖는가? 그 의미는 인간 행위에 의한 변화가 다시 인간 생존을 위협하는 위기로 회귀하는 부메랑적 재난의 시대라는 점에 집약된다. 지구온난화, 대양의 산성화, 거대 숲의 파괴, 생태계의 교란, 멸종 등과 같은 재앙적 현상들이 그것이다. 말하자면, 인류세는 인류 전체와 다수 생명체의 “생태-존재론적 위급

---

*　김홍중. 2019. “인류세의 사회이론: 파국과 페이션시(patiency)”. 『과학기술학 연구』 19(3). p.14.

상황"을 가장 포괄적으로 지칭하는 강력한 기표이고*, 근대적 사고와 감수성을 다시 사고하게 하는 (다음과 같은) 지적 충격을 야기했다.

첫째, 이제 인간을 '자연 앞의 연약한 피조물'로 표상하는 것은 불가능하다. 근대인은 탄소 자본주의 문명의 진행 과정에서 지구시스템의 기상학적 조건, 바다, 토양, 숲, 그리고 다른 생물 종들의 운명에 결정적인 변용을 가했다. 약 200여 년 동안 인간은 거의 그리스 신화의 여러 신들에 비견할 만한 유사-자연적 혹은 초-자연적 힘을 발휘해온 것이다. 인간이 자연을 어떻게 통치하느냐가 문제인 것이 아니라, 자신의 물질적(지질학적) 조건 전체를 바꾸는 괴력을 가진 가장 강력한 집합 행위자인 인간의 힘이 어떻게 통제/통치되어야 하는가라는 문제가 시급하게 제기되는 이유가 여기에 있다. 지구의 생태적 조건을 결정하는 것은 자연이 아니라 이제 인간이며, 인간은 자기 자신의 멸종 가능성도 결정할 수 있는 위치에 있기 때문이다.

둘째, 1945년 전후에 인류세가 시작되었다는 진단은 우리가 살아가는 현재를 더 이상 사회학적 시대 규정만으로 이해할 수 없다는 사실을 함축한다. 20세기 후반에 사회학자들은 다양한 시대를 명명하고, 새로운 방식으로 시대를 이해할 것을 제안, 촉구했다. 포스트 포디즘, 포스트 모던, 후기 근대, 액체 근대, 위험 사회 등이 그것이다. 그러나, 인류세라는 용어는 이런 사회적/역사적 시간보다 더 근원적인 수준에서, 특정 국가들이 아니라 지구라는 행성에 발을 딛고 사는 모든 "지구생활자들(terrestres)"*의 운명적 시간을 규정하는 '지질학적' 시대, 혹은 '지구의 시간'에 대한 인식과 관심을 구체화한다. 인류세는 "사회적 문제"가 아니라 "지리-사회적(geo-social) 문제"를 전면화한다.** 사회를 자연과 분리된 인간들의 활동 영역으로 보는 좁은 사회관은 이제 실효성을 상실한다.

파국주의(catastrophism)

셋째, 인류세는 20세기를 지도한 진보, 번영, 발전 같은 가치들을 지속 불가능하게 한다. 이 관념들은 기본적으로 과거보다 더 나아지는 상태로의 전진을 역사의 원리로 본다.*** 미발전된 현재와 더 발전된 미래 사이의 낙차가 인간을 움직이는 힘, 인간이 무언가를 '생산'하게 하는 힘이다. 20세기의 인간은 생산자다. 그는 만들고, 생성시킨다. 생산하는 삶의 도덕적 우월성은 20세기를 관통하며 거의 지배적인 가치로 여겨져 왔다. 그런데, 인류세는 근대의 이 '생산주의' 혹은 '발전주의'가 실제로는 지구시스템의 평형을 교란시키는 '파괴'였다는 역설을 섬뜩하게 드러냈다. 생산할수록 파괴되었고, 발전할수록 파국 가능성이 짙어졌던 것이다. 창조와 생산과 번영이 있다고 생각한 모든 곳에서 실제로는 광범위한 파괴, 파괴적 해체 작용이 있었다는 것을 우리는 깨달았다.

인류세는, 근대적 발전/진보 개념의 실천적 가능성이 소진되었음을 냉정하게 드러낸다. 발전주의는 '생산=파괴'의 이 역설을 해소하지 못한다. 생산이 감추고 있던 파괴의 진실이 적나라하게 드러난 지금, 우리는 오히려 파괴의 측면을 직시하면서 역사의 전개를 상상하고 서사해야 한다. 즉, 미래는 진보/발전이 아니라 임박한 파국으

---

* 　브뤼노 라투르. 2021.『나는 어디에 있는가?』. 김예령 옮김. 이음. p.30.

** 　브뤼노 라투르. 2021.『지구와 충돌하지 않고 착륙하는 방법』. 박범순 옮김. 이음. p.94.

*** 　질베르 리스트. 2013.『발전은 영원할 것이라는 환상』. 신해경 옮김. 봄날의책.

로 대표되는 시간이다. 어떻게 발전할 것인가? 얼마나 더 성장하고 개발하고 그래서 소비하고 향유할 것인가? 이런 질문들을 해체하고, 우리는 이렇게 물어야 한다. 어떻게 파국을 막을 것인가? 어떻게 파국적 재난들이 연쇄적으로 쇄도하는, 점점 더 거주가능한 땅이 사라지고, 새로운 위협들이 현실화되는 상황에서 '생존'할 수 있는가? 고통의 불평등, 파국 속에서의 붕괴의 불평등을 어떻게 교정할 것인가? 이미 고갈된 듯이 보이는 우리 공통의 미래를 어떻게 창조해갈 수 있는가? '나'는 무엇을 할 것인가?

해러웨이(Donna Haraway)가 말하듯이, 우리는 인류세를 최대한 단축시켜야 한다.* 혹은 세르(Michel Serres)가 제안하듯이, 사회계약을 자연계약으로 확장시켜야 한다.** 이것이 우리의 시대적 과제다. 환언하면, 미래는 이제 파국이라는 관점을 통해 새롭게 구성되어야 한다. 이런 점에서, 인류세는 '파국'의 시대가 아니라 '파국주의'의 시대다.*** 최종 파국이 아직 도래하지 않았으나, 그에 대한 예견과 고뇌와 그것을 막기 위한 실천과 제도가 사회를 구성하는 근본 원리가 되는 시대다. 이를 위해 우리는 파국이라는 음울한 개념을 회피해서도, 그것을 환상적으로 우회하려 해도 안된다. 돌파해야 한다. 21세기에 파국은 상상도, 비유도, 레토릭도, 도덕적 과장도 아닌 임박한 실재다. 파국을 언어화하는 사람들은 시인이나 철학자가 아니라 자연과학자들이다. 자연과학이 말하는 파국은 비명과 절규가 들려오는 유대-기독교의 종말론적 풍경이 아니라, 그래프로 표현되고 수식으로 계산할 수 있는 사실의 질서에 더 가깝다.****

우리 시대의 정치가 환멸을 불러일으키는 것은 그것이 (위에서 제시한) 근본 질문들에 대한 응답을 제공하지 못하는 무능력을 보여주기 때문이다. 우리 시대의 경제, 경영 담론이 공허한 것은 그 안에 기후변화나 멸종, 지구 생태계의 파국적 교란과 같은 현상에 대한 고뇌가 거의 없기 때문이다(경제(economy)의 '에코'*****는 생태(ecology)의 '에코'가 겪는 위기를 가리는 판타지가 되어 버렸다). 우리 시대의 종교가 영성적 울림을 주지 못하는 이유는 저 공통의 문

---

*   D. Haraway. 2015. "Anthropocene, Capitalocene, Plantationocene, Chthulucene, Making Kin". *Environmental Humanities* 6. p.160.

**   M. Serres. 1990. *Le contrat naturel*. Paris. Flammarion.

*** 파국주의에 관해서는 다음을 참조할 것. 김홍중. 2019. "인류세의 사회이론, 파국과 페이션시(patiency)". 『과학기술학 연구』 19(3). p.31-39.

**** 강호정. 2020. 『다양성을 엮다』. 이음. p.202-206.

***** eco는 oikos 즉 집을 가리킨다.

제 영역, 수많은 생명의 생사(生死)를 가르는 문제에 대하여 종교가 때로는 반동적이고 때로는 너무나 상투적인 대응을 보여주기 때문이다. 즉, 이들은 파국을 사유하는 아무런 능력을 보여주지 않는다.

우리에게 필요한 것은 파국주의다. 그것은 파국을 사고하고, 그것과 교섭하고, 그것을 통치하려는 지식, 실천, 윤리, 미학의 앙상블이다. 파국주의는 단순한 비관이나 우울이 아니라, 파국을 넘어서려는 의지와 역량을 조직하는 정동을 요청한다. 그것은 희망이다. 희망은 낙관이 아니다. 낙관은 희망할 수 있는 것에 대한 희망이다. 그것은 자동적이고, 큰 노력이 요구되지 않으며, 자명하고 합리적이다. 희망은 그러나 눈앞에 보이는 것과 '다른 무언가'를 상상할 수 있는 능력이다. 희망은 언제나 희망조차 불가능한 것과 결합한다. 파국주의는 희망을 요청한다. 희망이 없는 파국주의는 그저 세련된 비관주의에 그칠 것이다.

파국주의를 조직하면서 인류세를 살아가는 존재들은 '서바이벌'을 사적이고 이기적인 과제가 아니라, 공적이고 공통적인 과제로 인식하게 된다. 인류세는 인간의 생존이 꿀벌의 생존이나 북극곰의 생존과 연결되어 있다는 '인식'을 보편화한다. 즉 복수의 생존들의 얽힘과 의존이 자명해진다. 이런 점에서 인류세적 주체가 꿈꾸는 생존은 언제나 '함께-생존하는 것(survive with)'이다. 여기서 방점은 '함께'에 놓인다. 인간이 근대를 통틀어 다른 모든 생명체보다 우월한 존재이며, 특권적 존재로 스스로를 이해해 온 이상, 이 '함께'의 구성은 인간 스스로 아래로 내려가는 것을 통해서만 가능하다. 인간은 스스로를 '방법적으로', '이념적으로', 그리고 '도덕적으로' 강등시켜야 한다. 인간이 무시했던 비인간 생명체들의 높이로 내려가야 한다.

녹색 계급

문제는 '주체'다. 인류세의 최대 과제가 '함께-생존하기'라면, 이 과제를 수행할 주체는 누구인가? 라투르의 최근 논의는 이 지점을 향한다. 가령, 70여 개의 단상 메모로 이루어진 신작 『녹색 계급의 출현』에서 그가 제안하

---

*   사실, 계급 개념에 대한 그의 생각은 작년에 출판된 『지구와 충돌하지 않고 착륙하는 방법』에서도 소략하게 검토된 바 있다. 이 책에서 라투르는

는 '녹색 계급' 개념이 그것이다.* 그는 녹색 계급을 "사람들이 살고 있는 장소로서의 세계와 사람들이 살아가는 수단으로서의 세계"를 동일시하는 자들(메모20)이자 "지구 차원의 거주가능성을 떠맡는 계급"(메모21)이라고 정의한다. 다소 추상적이지만 그럼에도 불구하고 선명하게 표명된 것은 녹색 계급이 20세기의 성장 신화를 벗어난 주체들이라는 점이다. 이들에게 쟁점이 되는 것은 생산이 아니라 거주 가능성이다. 삶이다. 생산의 확대가 중요한 것이 아니라 거주할 수 있는 지구환경의 유지를 우선시하는 것이 더 중요하다(메모18).

과거 변혁 주체의 대명사이던 '사회 계급(class)'이 정치생태학의 장에서는 투쟁 주체로 성장하지 못한 이유를 19세기적 유물론의 한계에서 찾고 있다. 생산 관계와 생산수단에서만 '물질'을 보는 과거의 유물론을 넘어서, 이른바 '신유물론(new materialism)'으로의 전환을 촉구하는 것이다(브뤼노 라투르. 2021. 『지구와 충돌하지 않고 착륙하는 방법』. 박범순 옮김. 이음. p.89-91). 새로운 유물론의 필요성에 대해서 그는 이렇게 썼다. "사실상 근대 시기의 특이한 점 중의 하나는 전혀 물질적이지도 않고 영토적이지도 않은 물질의 정의를 쓰고 있다는 것이다 (...). 자기 행성의 온도가 평균 3.5도 상승하도록 무심코 내버려 둘 수 있거나, 아무도 눈치채지 못하게 하고 동료 시민들에게 여섯 번째 멸종의 대리인(agent) 노릇을 떠맡길 수 있는 사람을 어떻게 유물론자라고 부를 수 있을까? (...). 생태학은 사회주의자들에게 항상 이야기해 왔다. '조금 더 노력하세요, 유물론자 여러분, 진실로 유물론자가 되기 위해서는!'"(브뤼노 라투르. 2021. 『지구와 충돌하지 않고 착륙하는 방법』. 박범순 옮김. 이음. p.94-95).

녹색 계급의 출현

녹색 계급이 어떤 존재들인지 우리는 직관적으로 이해한다. 실제로 우리 주변에는 이미 시대의 문제와 맞서 새로운 생각, 감각, 감정, 미학, 그리고 자연과학적 지식으로 주체화하여 점점 더 연결된 형태로 나타나고 있는 일군의 사람들이 있다. 그런데 왜 이들을 굳이 '계급'이라 불러야 하는가? 그것은 혹시 라투르가, 인류세의 위기(혹은 그 자신의 용어로 '신기후체제'*의 위기)와 맞서는 주체를 좀 더 전투적인 방식으로 호명해야 한다고 느끼고 있기 때문이 아닐까? 사실, 계급이란 용어에는 강력하고 노골적인 정치성이 장전되어 있다. 계급은 언제나 계급 적대, 계급 투쟁, 계급 의식, 계급 해방과 연결된다. 이것이 19세기 이래 계급이라는 개념이 사용되어 온 화용론적 전통이다. 계급을 말할 때, 우리는 더 이상 화해할 수 없는 '이해관계(interest)'의 물적 조건, 그리고 혁명과 싸움을 말하는 것이다. 라투르는 계급 개념의 이 전투성과 절박성을 되살리고 싶은 듯이 보인다. 다만 라투르는 여기에 두 가지 유보조항을 건다.

---

* B. Latour. 2015. *Face à Gaia. Huit conférences sur le nouveau régime climatique*. Paris. Empêcheur de penser rond/La Découverte.

첫째, 마르크스주의적 유물론이 말하는 계급 관념을 넘어서야 한다는 것. 즉 생산수단의 소유 여부로 계급 위치가 구조적으로 결정된다는 관념이 철회되어야 한다. 왜냐하면, 앞서 언급했듯이 인류세의 문제는 생산이 아니라 파괴를 중심으로 회전하기 때문이다. 따라서 계급도 생산관계가 아닌 (실제적이거나 잠재적인) 생명의 파괴 가능성의 차원에서 접근되어야 한다. 요컨대, 녹색 계급은 파국과의 거리에서 규정되는 계급이다. 둘째, 부르디외 사회학의 계급 개념을 넘어서야 한다는 것. 부르디외는 마르크스의 '투쟁하는 계급'을 '구별짓기(distinction) 하는 계급'으로 전환시켰다. 거리에서의 싸움, 목숨을 건 투쟁, 그리고 혁명의 절박성을 장(場) 안에서 벌어지는 취향을 둘러싼 차별화 전략이나 과시적 소비, 혹은 상징적 혁명으로 변신시켰다. 라투르가 보기에 이것은 실재하는 계급(class)을 상징적 분류(classification)로 증류시켜 버린 것과 같다. 계급은 상징적이기 이전에 물질적인 것이고, 실재적인 것이다. 이를 회복해야 한다.

이런 점에서, 라투르가 구상하는 녹색 계급은 상승하는 자본주의의 몫을 둘러싼 투쟁의 주체(마르크스의 계급)도 아니고, 문화적/상징적 재화를 통해 사회적 위치를 두고 경쟁하는 주체(부르디외의 계급)도 아니다. 녹색 계급은 자본주의의 꿈이 파상(破像)된 폐허에서 생존을 욕망하는 자들의 연대다. 이들은 더 많은 생산이라는 패러다임에 갇힌 자들과의 불가피한 적대를 구성한다. 이들은 또한 부르디외가 설정한 좁은 의미의 '사회' 내부에 머무는 자들이 아니라, 사회와 자연이 서로 구멍 뚫린 채 삼투하여 상호작용하는 바로 그런 고통의 지점들(피폭당한 신체들, 구멍 뚫린 오존층, 코로나19 바이러스가 침투한 노동자들의 호흡기, 환경 난민들)에서 형성되는 주체다. 이것이 바로 라투르가 말하는 21세기적 유물론적 주체가 아닐까 싶다.

아무개-되기

그렇다면, 녹색 계급은 어떻게 만들어질까? 라투르는 자신의 신작에서 이 질문에 대해 구체적이고 충분한 해답을 제시하지는 않는다. 하지만 상상해 보면, 그는 아마도 ANT의 원리에 기초하여 계급 형성의 과정을 생각할 것이다. 즉, 네트워킹을 통한 연결이 그것이다. 물론 그렇다. 연결만이 계급, 즉 집합적 주체를 만드는 유일한 원리다.

하지만 여기서 더 물어져야 할 것이 있다. 이 연결은 왜 일어나는가? 녹색 계급을 이루는 인간들은(혹은 비인간들은) 어떻게, 그리고 왜 서로 연결될까?

나는 이렇게 생각한다. 녹색 계급은 더하기(+)가 아니라 빼기(-)의 방식으로 주체화된다. 내가 오래전부터 사용해 온 한 개념을 빌려 말하자면 '파상(破像)'이다. 더 많이 알게 되고, 더 많이 깨닫고, 더 많이 소유하고, 더 많은 정체성을 확보함으로써 녹색 계급이 되는 것이 아니다. 반대로 그것은 상실과 환멸을 통한 각성을 요청한다. 생각해 보라. 인류세적 주체는 파국 앞에서 만들어지고, 파국 앞에서 서로 연결된다. 이들은 더 좋은 미래를 위해 함께 싸우고 전진하는 자들이 아니라, 그 좋은 미래를 박탈당했음을 통감하는 자들이다. 이 박탈감, 좌절감, 파국에의 불안과 공포, 그리고 분노. 이런 강력한 정동은 이들에게 이미 부여된 사회적 정체성들을 벗겨낸다. 새로운 주체성은 과거의 정체성들에 부가되는 것이 아니라, 과거의 것들이 깨져나간 자리에서 생성되는 희미한 주체성이다.

예를 들어, 기후 파국 앞에서 '교수'란 무엇인가? '기업가'란 무엇인가? '작가'란 '예술가'란 무엇인가? 교수, 기업가, 작가, 예술가라는 상(像), 더 나아가 인간이라는 상이 깨지고 파열될 때, 비로소 파국 앞의 '생명'이라는 공통 기반이 드러난다. 원전 참사 앞에서 나는 교수도 작가도 예술가도 아닌 인간이다. 더 나아가, 나는 고사리나 개, 물고기나 흙과 구별되지 않는 한 지구적 존재다. 뱃속에 플라스틱 쓰레기를 가득 채운 채 죽은 알바트로스 새들의 시체를 볼 때,* 우리는 우리 자신과 아이들의 혈관, 장기, 뇌에 침전되는 미세 플라스틱의 힘을 느끼고 전율한다. 이 전율 속에서, 특권적 존재로서의 인간이라는 상이 파괴되고, 우리는 알바트로스와 동일한 세계를 살아가는 생명체로 스스로를 인식한다. 즉, 우리가 알바트로스다. 내가 알바트로스다. 아니 저 알바트로스가 나다.

이처럼 인간이라는 존재를 둘러싼 겹겹의 환상 구조를 파괴하고 헐벗고 가난해짐으로써 파국 앞의 생명적 평등성까지 내려온 존재들을 나는 『은둔기계』에서 '아무개'라 불렀다. "진정으로 보편적인 성격을 띠고 있는 것은 재난이다. 재난 속에서 우리는 모두 생명이 된다. 국적, 나이, 계급, 젠더, 종교, 인종과 같은 속성이 벗겨져나가는

---

*   크리스 조던. 2019. 『크리스 조던. 아름다움의 눈을 통해 절망의 바다 그 너머로』. 인디고서원.

실천을 위한 메모 3

그 궁극적 상황에서, 우리는 생존해야 하는 생명체 그 자체로 나타난다. 그 생명체의 이름이 '아무개'다. 21세기의 참된 주체는 자신의 살이 오염되어 가고 있다는 것을 아는 자, 그것으로 아픈 자, 그것을 걱정하고, 그것이 문제임을 느끼는 아무개다. 아무개들은 사태의 잠재적 피해자이며 행위자다. 아무개가 된다는 것은, 세계를 공유된 위험 공간으로 인지하는 것과 동시적이다. 아무개의 용기는 그의 두려움에서 나오고, 좌절감에서 나온다. 아무개는 선험적으로 규정된 주관이나 사회적 위치가 아니다. 선험적 주체성과 사회적 위치가 헐벗으면서 드러나는 생태적 감수성의 주체, 모두에게 열려 있는 잠재적 주체성이 아무개다."*

아무개는 사회적으로 규정된 실체적 주체성이 아니다. 아무개의 표지는 없다. 우리는 아무개를 외면으로부터 식별할 수 없다. 그것은 실체가 아니라 강도(intensity)다. 누구나 약간씩은 아무개다. 더 아무개 쪽으로 변화된 주체들이 있고, 아무개의 세계에 발도 들여놓지 못한 주

* 　김홍중. 2020. 『은둔기계』. 문학동네. p.229.

녹색 계급의 출현

체들도 있다. 하지만 아무개-되기는 누구에게나 가능한 일이다. 환경 재앙의 충격 속에서, 지구라는 별의 미래에 대한 공포와 불안 속에서, 이 문제를 해결하고자 하는 의지 속에서 우리는 아무개가 되어간다. 우리는 조금씩 20세기적 사유와 삶으로부터 멀어져가고, 미지의 21세기 속으로 헐벗어간다. 우리는 파국에 강박되어 있다. 파국은 우리를 멈추게 하고, 헐벗게 하고, 아무개가 되게 한다. 세계를 파괴의 관점에서 보게 한다. 녹색 계급은 이 헐벗음이라는 체험 속에서 형성되는 주체일 것이다.

스스로를 의식하고 자랑스러워하는
녹색 계급의 출현

지은이 브뤼노 라투르, 니콜라이 슐츠
옮긴이 이규현
해설 김지윤, 김홍중, 김환석, 이현정

펴낸이 주일우
펴낸곳 이음
출판등록 제2005-000137호 (2005년 6월 27일)
주소 서울시 마포구 월드컵북로1길 52 운복빌딩 3층
전화 02-3141-6126 팩스 02-6455-4207
전자우편 editor@eumbooks.com
홈페이지 http://www.eumbooks.com

편집 강지웅
아트디렉션 박연주 | 디자인 권소연
마케팅 이준희·추성욱
인쇄 삼성인쇄

ISBN 979-11-90944-94-6 03300

값 15,000원

처음 펴낸 날
2022년 6월 1일

2쇄 펴낸 날
2022년 8월 20일

페이스북
@eum.publisher
인스타그램
@eumbooks

INSTITUT FRANÇAIS

- Cet ouvrage a bénéficié du soutien des Programmes d'aide à la publication de l'Institut français.
- 이 책은 프랑스문화원의 출판번역지원프로그램의 도움으로 출간되었습니다.
- 이 책의 한국어판 저작권은 La Découverte와의 독점 계약으로 이음이 소유합니다.
  저작권법에 의하여 한국 내에서 보호를 받는 저작물이므로 무단 전재와 복제를 금합니다.
- 이 책의 전부 또는 일부를 이용하려면 반드시 저자와 이음의 동의를 받아야 합니다.